Les Hassidim de la Belle Province
De la Pologne à Montréal

L'Aire Anglophone
Collection dirigée par Serge Ricard

Cette collection entend s'ouvrir aux multiples domaines d'un vaste champ d'investigation, caractérisé par la connexion idiome-culture, auquel les spécialistes formés en langues, civilisations et littératures dites "anglo-saxonnes" donnent sa spécificité. Il s'agira, d'une part, de mieux faire connaître des axes de recherche novateurs en études britanniques, américain-es et canadiennes et, d'autre part, de répondre à l'intérêt croissant que suscitent les cultures anglophones d'Afrique, d'Asie et d'Océanie — sans oublier le rôle de langue véhiculaire mondiale joué par l'anglais aujourd'hui. A cette fin, les domaines privilégiés seront l'histoire des idées et des mentalités, la sociologie, la science politique, les relations internationales, les littératures de langue anglaise contemporaines, le transculturalisme et l'anglais de spécialité.

Dernières parutions

Serge RICARD, *Les Etats-Unis, démocratie impérialiste, essai sur un dessein manifeste*, 2016.
Nelcya DELANOË, Joëlle ROSTKOWSKI, *La présence indienne aux États-Unis. Anthologie d'un défi à l'oubli*, 2015.
Michel MOREL, *Éléments d'axiocritique. Prolégomènes à l'étude du texte et de l'image*, 2015.
Clémentine THOLAS-DISSET, *Le cinéma muet américain et ses premiers récits filmiques*, 2014.
Marie-Claude FELTES-STRIGLER, *L'indien millionnaire, Renaissance d'une tribu*, 2014.
Claire DELAHAYE, Serge RICARD, *L'héritage de Théodore Roosevelt : impérialisme et progressisme (1912-2012)*, 2012
John MULLEN, *La chanson populaire en Grande-Bretagne pendant la Grande Guerre (1914-1918), The show must go on*, 2012.
Annie OUSSET-KRIEF, *Les Juifs américains et Israël. De l'AIPAC à JStreet*, 2012.
Daniel GALLAGHER, *D'Ernest Hemingway à Henry Miller. Mythes et réalités des écrivains américains à Paris (1919-1939)*, 2011.

Annie Ousset-Krief

Les Hassidim de la Belle Province
De la Pologne à Montréal

Du même auteur, dans la même collection

Les Juifs d'Europe orientale aux États-Unis, 1880-1905. Yidn ale brider, immigration et solidarité, Paris, L'Harmattan, 2009.

Les Juifs américains et Israël. De l'AIPAC à JStreet, Paris, L'Harmattan, 2012.

© L'Harmattan, 2017
5-7, rue de l'Ecole-Polytechnique, 75005 Paris

http://www.harmattan.fr
diffusion.harmattan@wanadoo.fr
harmattan1@wanadoo.fr

ISBN : 978-2-343-10894-0
EAN : 9782343108940

Pour Helena, ma magnifique petite fille, ma petite lumière

Sommaire

Introduction 11

Chapitre 1. Qu'est-ce que le hassidisme ? 21
   Les juifs en Pologne aux XVIIIe et XIXe siècles 21
   La naissance du Hassidisme 34

Chapitre 2. De l'Ancien Monde au Canada. Les dynasties hassidiques s'implantent à Montréal 51
   La communauté juive de Montréal 51
   Les Hassidim : 70 ans de présence à Montréal 66

Chapitre 3. Vivre à Outremont 71
   Outremont et le Mile End 71
   « Introversionnisme », insularisation, consolidation 77
   Une géographie urbaine empreinte de sacré 82
   L'identité hassidique 87
   La famille 123

Chapitre 4. Femmes hassidiques 129
   Les filles du roi 129
   Sim'hat Torah avec les Belz 135
   Shekinah : The intimate life of tHasidic women et le BMC 145
   Une place éminente dans la cité 153

Chapitre 5. Loubavitch – Chabad 157

Chapitre 6. *Kiryas Tash*, la ville des Tash 171

Chapitre 7. L'enracinement en terre québécoise :
Défis et enjeux 183
   Interactions et conflits 183
   L'Erouv 207

Conclusion 223

Glossaire 227

Bibliographie 231

INTRODUCTION

Vendredi après-midi, quelques heures avant le coucher du soleil, avenue du Parc, Outremont (Montréal). Les rues s'emplissent d'hommes à l'allure pressée, se hâtant vers leurs synagogues. Dans quelques instants, c'est le début du shabbat. Ces hommes qui semblent surgis de villages d'Europe orientale du XIXe siècle, vêtus de longs caftans noirs, portant barbe et *peyes* (papillotes), sont des *Hassidim*.

Dans l'imagerie populaire, le *Hassid* (i-e homme pieux) est cet homme vêtu de noir, portant un chapeau parfois bordé de fourrure (le *shtreimel*), en prière devant le Mur des Lamentations. Cette image nous est devenue familière avec le temps, lorsque l'histoire a remis Jérusalem sur le devant de la scène. Mais au-delà de l'aspect pittoresque, que sait-on du Hassidisme aujourd'hui ?

Le phénomène du Hassidisme est quelque peu méconnu en France. La première raison en est que ce mouvement est rattaché au judaïsme d'Europe de l'Est, et ne s'est pas vraiment implanté dans un pays qui compte pourtant 600 000 Juifs, mais dont la plupart sont sépharades, originaires d'Afrique du Nord. La seconde raison est peut-être l'intérêt moindre suscité par le fait religieux. On étudie davantage les religions dans leur rapport à la laïcité que dans leur signification propre.

Existence marginale, donc, restreinte à quelques rues dans Paris et Marseille : les Hassidim (pour la plupart des Loubavitch) ne sont que quelques milliers en France.

La connaissance que la plupart des gens ont des Hassidim dépend pour l'essentiel des films et documentaires tournés en Israël, dans le quartier de Mea Shearim à Jérusalem. Le cinéaste israélien Amos Gitaï a notamment réalisé un film fort émouvant – *Kaddosh* – mais idéologiquement centré sur la dénonciation du Hassidisme comme mouvement réactionnaire, soumettant les femmes à des règles rétrogrades et parfois inhumaines. Cette vision partiale est dans l'air du temps, et on laisse peu d'audience à d'autres voix qui célèbrent la femme hassidique et son rôle pivot dans la communauté. Plus récemment, en 2008, est sorti un documentaire sur de jeunes Hassidim qui ont quitté leur communauté. Tourné à Montréal, New York et Jérusalem, *Leaving the Fold* (« quitter le bercail »), film de Eric R. Scott, raconte les difficultés de la vie dans des groupes religieux qui maintiennent un contrôle strict sur leur jeunesse. Ici aussi, peu de voix s'expriment pour raconter l'autre côté de l'histoire.

En 2014, c'est à nouveau un film consacré aux femmes qui nous emmène dans l'univers hassidique : *Felix et Meira*, du réalisateur québécois Maxime Giroux, raconte une histoire d'amour impossible entre une jeune femme hassidique et un Montréalais francophone. Tourné dans le Mile End, le film essaie de recréer l'atmosphère religieuse de ce quartier de Montréal, et de souligner le poids des rites et traditions auxquels tente d'échapper la jeune femme. Maxime Giroux a obtenu le prix du meilleur film canadien au festival international du film de Toronto (TIFF). Cette récompense est intéressante à plus d'un titre, car si le film réussit à émouvoir par la justesse de l'interprétation et le romantisme mélancolique qui s'en

INTRODUCTION

dégage, il n'en demeure pas moins que le thème de la femme éprise de liberté et enfermée dans le carcan de la religion est récurrent dans les domaines cinématographique et littéraire. Et l'on pourrait presque penser que c'est *cette* vision du Hassidisme que les gens attendent.

Pourtant, ce mouvement vieux de plusieurs siècles possède une force interne stupéfiante, et ne peut se résumer aux images clichés qui décrivent un courant extrémiste, ultraconservateur. Il mérite des études plus fouillées, et étendues à d'autres terrains que Jérusalem, car le conflit israélo-arabe, en introduisant des considérations politiques, modifie la donne. En effet, les *Haredim*[1] s'investissent politiquement dans la vie du pays afin de contrer les influences séculières, et prônent un Grand Israël conforme à l'Israël biblique, que beaucoup d'Israéliens refusent au nom des sacrifices indispensables à l'établissement de la paix. L'Amérique du Nord, nouvelle terre promise pour les Juifs[2], permet ce travail d'exploration du Hassidisme, en oubliant le contexte politique particulier à Israël, qui peut donner une vision très négative des « Hommes en noir », et gomme ainsi les aspects intéressants de cette expression religieuse.

Le phénomène hassidique est dans le Nouveau Monde plus qu'anecdotique : aux Etats-Unis en particulier, les banlieues newyorkaises de Crown Heights, Williamsburg et Borough Park sont devenues après la deuxième guerre mondiale l'habitat privilégié de plusieurs

---

[1] *Haredim* : littéralement, qui craignent Dieu. Autre nom donné aux Hassidim.
[2] « L'Amérique est notre Sion, et Washington notre Jérusalem », rabbin Gustavus Poznanski (Congrégation Beth Elohim, Charleston, Caroline du Sud, 1841). Cité dans *Religious Outsiders and The Making of Americans*, Robert Laurence Moore, Oxford University Press, 1986, p.79.

cours hassidiques[3], drainant des dizaines de milliers de personnes autour de *rebbes*[4] charismatiques. Et loin de diminuer, le nombre de ces Juifs ultra-orthodoxes ne cesse d'augmenter. Entre 2002 et 2011, Brooklyn, le district où résident les Juifs ultra-orthodoxes, a vu sa population juive croître de 105 000 personnes (36% de la population totale de Brooklyn, contre 32% en 2002). Les Hassidim sont aujourd'hui environ 240 000, soit environ 5% de la population juive américaine et 16% de la population juive newyorkaise[5].

A Montréal, la population hassidique est nettement moins nombreuse, comme l'est d'ailleurs la population juive du Canada (un peu plus de 390 000 personnes) : environ 15 000. Mais cette présence hassidique fait de Montréal le troisième foyer hassidique dans le monde après Brooklyn (120 000) et Londres (18 000). Les groupes sont bien implantés, et continuent à grossir, provoquant ce que le sociologue William Shaffir appelle « le paradoxe du succès » : le développement des groupes pose le problème de l'aménagement urbain, et des relations avec les habitants non hassidiques de ces quartiers. C'est une question épineuse que je traiterai dans mon dernier chapitre.

Ce retour vers un traditionalisme extrême est sans aucun doute lié à une recherche spirituelle, dans des temps où la société moderne est quelque peu défaillante et

---

[3] Le terme de « cour » est communément utilisé pour décrire le groupe qui s'est formé autour d'un *rebbe*. La cour porte le nom de la localité d'origine.
[4] On utilise le nom de *rebbe* pour se référer au rabbin hassid. Cette notion sera explorée plus en détail dans le chapitre consacré au Hassidisme.
[5] UJA- Federation of New York, Jewish Community Study of New York, 2011.

INTRODUCTION

échoue à répondre à des demandes profondes, à une quête d'autres valeurs que le Hassidisme peut et veut incarner.

A l'origine, réfugiés d'Europe centrale et orientale, les Hassidim Satmar, Bobov ou Stolin[6], ont maintenu une façon de vivre conforme au mode ancestral, hérité du XVIIIe siècle : ils parlent yiddish, s'habillent de manière distinctive (d'où leur caractérisation dans la presse comme les « hommes en noir »), et résistent à toute influence séculière externe. « Nous façonnerons l'Amérique pour qu'elle s'adapte à a Torah » avait déclaré le *rebbe* Satmar – et pas l'inverse : c'est avec cette forte conviction que les Hassidim ont établi leurs communautés en Amérique du Nord.

Les Hassidim ont créé de véritables réseaux, à Jérusalem, à Londres, Montréal, Toronto, Anvers. Jérusalem et New York restent les points centraux de la plupart des groupes.

Il y a aujourd'hui environ 30 groupes présents à New York, chacun relié à un village dans l'ancienne Galicie (aujourd'hui en Pologne, Hongrie, ou Ukraine) ou Roumanie, et à un *rebbe*. Montréal, quant à elle, compte onze groupes, avec un total de plus de 10 000 personnes : Loubavitch, Breslev, Skver, Satmar, Belz, Bobov, Klausenberg, Tash, Munkacz, Pupa et Vishnitz ; mais à l'exception du *rebbe* de Tash, leur *rebbe* réside en Israël ou à New York.

Une promenade dans les rues d'Outremont, le quartier de Montréal où vit la majorité des Hassidim, offre un spectacle étonnant, un voyage à travers le temps, qui suscite chez bien des observateurs une émotion inattendue.

---

[6] Ces noms font référence aux différents groupes hassidiques, nés en Pologne ou Russie.

« Il n'est pas donné à tout le monde d'observer in vivo (pas au musée des civilisations ou dans de grands spectacles d'été en région) de très lointains aïeux vaquer à leurs occupations spirituelles », écrit Marc-Alain Wolf. « C'est, selon la belle formule biblique, le grand-père du grand-père de mon grand-père que je vois peut-être là, tout jeune garçon, rasant les murs, caressant ses « boudins » [papillotes], méditant passionnément le passage du Talmud qu'il vient d'étudier avec son maître. Leur temps n'est pas le nôtre. Il est celui, immuable, de la vie juive traditionnelle centrée sur l'étude et la synagogue »[7].

Les Hassidim sont les gardiens de ce « temps immuable » que l'on croyait révolu. Est-ce une « survivance anachronique », comme l'écrit plus loin Marc-Alain Wolf, et à terme condamnée à disparaître ? Ou bien est-ce la preuve que toutes les formes religieuses peuvent s'exprimer, se développer, dans le cadre assez particulier de l'Amérique du Nord ? Car les Hassidim semblent avoir réussi à composer parfaitement avec la société ambiante, dans une interaction continue entre tradition et modernité. Ils sont partie intégrante de la cité, participent tant à la vie économique que politique des lieux où ils résident.

Qui se promène à Outremont fait un voyage en Pologne, dans cette Pologne de Kazimierz (la « ville juive » adjacente à Cracovie construite par le roi Casimir le Grand en 1335), qui fut l'âge d'or du judaïsme est-européen. Mais c'est une Pologne moderne, où circulent des 4/4, et où les passants ont le téléphone portable collé à l'oreille. Coexistence de deux mondes, mais frontières nettes entre ce qui est permis et ce qui ne l'est pas. Le

---

[7] Marc-Alain Wolf, *Le Québec sur le divan*, Québec, Canada, Les éditions Voix Parallèles, 2008.

hasidus (la manière de vivre, d'être un véritable Hassid) doit être préservé des influences extérieures assimilatrices. Les Hassidim d'Outremont, comme d'ailleurs de toute autre enclave, tiennent à maintenir leur statut séparé. Et ils y parviennent.

Mais si une coupure totale d'avec le monde séculier permet cette résistance, comment élucider le mystère des Hassidim montréalais ? Car ils ne vivent pas dans des campagnes éloignées, reclus dans des communautés rurales – à une exception près : les Tash ont fondé leur propre village à Boisbriand, à une vingtaine de kilomètres de Montréal, en 1963. Les Hassidim montréalais vivent et travaillent au cœur même de la cité. Et la question que l'on ne peut manquer de se poser est justement la nature du lien qui les relie à cette société, comment ils perçoivent leur place au Canada, au Québec – comme la question pouvait se poser par le passé en relation avec la Pologne. La question de leurs relations avec le monde non juif est également un point crucial qui ne cesse d'évoluer avec l'accroissement du nombre de familles hassidiques dans des quartiers mixtes.

En novembre 2013, une jeune femme hassidique, Mindy Pollak, a été élue au conseil municipal d'Outremont. Son élection, une première à divers titres, révèle que, contrairement à ce que l'on peut penser, nous n'avons pas affaire à des groupes en marge, repliés sur leur communauté. Ils sont impliqués dans la vie de la cité et souhaitent élargir les échanges avec ceux dont ils partagent l'espace. Depuis quelques années, la situation a changé, du fait de certains individus hostiles à la présence des Hassidim parmi eux, et les oblige à aller vers « l'autre ». Un combat judiciaire au niveau de la municipalité est en cours – opposant les résidents « laïcs » (je reviendrai sur ce terme) aux ultra-orthodoxes. La relation avec les autres groupes de citoyens doit être repensée, et il semblerait que la démarche fonctionne – ce qui, en soi, n'est pas si évident.

En re-territorialisant les Juifs hassidiques de Pologne et Hongrie en Amérique du Nord, les différents *rebbes* ont fait le pari d'une « enculturation[8] » victorieuse, tout en enracinant leurs disciples sur la terre américaine. Cette réalité s'oppose à l'habituelle vision des diasporas : les sociologues ont souligné le processus de déracinement et le sentiment de non-appartenance. Or, ce à quoi nous assistons ici est bien une appropriation totale du lieu sans le sentiment d'être exclu, mais en restant séparé.

Les Hassidim constituent une diaspora : est-ce une diaspora insulaire, exclusive, ou une diaspora « de la frontière », comme la définissent Daniel et Jonathan Boyarin[9], à savoir hybride, partageant l'espace avec d'autres groupes ? La question mérite également d'être posée.

Je m'attacherai à l'examen de ces différents problèmes, et reviendrai en un premier temps sur les sources du Hassidisme, en un bref historique qui nous permettra d'appréhender la situation présente des groupes dans toute leur complexité. Puis je m'intéresserai à l'installation des Juifs au Canada, et plus particulièrement à Montréal. Après ces parties historiques, je consacrerai un chapitre aux quartiers d'Outremont et du Mile End, où les Hassidim ont créé leurs communautés et analyserai leur mode de vie. J'étudierai ensuite la situation des femmes dans ces groupes, car c'est l'un des aspects sociologiques les plus questionnés, et je voudrais jeter une lumière différente sur la question. Mon travail a été en partie

---

[8] Voir chapitre 3.
[9] Daniel Boyarin and Jonathan Boyarin , «Diaspora: Generation and the Ground of Jewish Identity», *Critical Inquiry*, Vol. 19, No. 4, Summer, 1993.

motivé par des rencontres avec des femmes hassidiques qui sont aux antipodes de l'image habituellement véhiculée. Je m'intéresserai également au groupe Loubavitch, qui représente une grande partie de la population hassidique de Montréal. Quelques pages concerneront les Tash, groupe marginal, mais implanté depuis les origines du mouvement hassidique à Montréal. Enfin, mon dernier chapitre traitera des relations intercommunautaires : la situation des Hassidim à Montréal présente des particularités dues à l'histoire elle-même particulière du Québec, province francophone au sein d'un océan anglophone. La communauté juive est d'une certaine façon à cheval sur les deux mondes, et cela ne va pas sans causer des frictions.

Le Hassidisme à Montréal, c'est un monde traditionnel plongé dans la modernité, à la convergence de trois identités qui coexistent malgré tout dans l'harmonie. Mes études de terrain m'ont permis de retracer cette histoire, de poser des questions essentielles pour aborder l'avenir de cette communauté, et d'apporter, je l'espère, un regard plus nuancé.

CHAPITRE 1

QU'EST-CE QUE LE HASSIDISME ?

LES JUIFS EN POLOGNE AUX XVIIIE ET XIXE SIECLES

Comprendre les Hassidim aujourd'hui nécessite une incursion dans le passé. Car ces groupes religieux ne sont pas une création nord-américaine, mais bien le prolongement d'un judaïsme décimé par le nazisme. Afin de pouvoir aborder toutes les facettes culturelles et religieuses des communautés hassidiques installées en Amérique du Nord, une appréhension de l'histoire européenne du Hassidisme s'impose. C'est une histoire longue et riche, qui trouve ses sources en Pologne. Et par conséquent une histoire complexe, puisqu'imbriquée à celle de la Pologne, qui vit son destin bouleversé de manière récurrente à travers les siècles. Selon les provinces de Pologne où ils résidaient, les Juifs polonais durent recomposer leur identité, réévaluer leur position face aux majorités ethniques du moment. Tendances germanisantes, ou plus polonaises, le judaïsme de Pologne incorpora de multiples influences. Le Hassidisme était une voix religieuse parmi d'autres, mais resta constant au cours du temps. Subissant les soubresauts de l'histoire, il prit souche dans toutes les régions, fut anéanti puis reprit corps dans le Nouveau Monde grâce à la détermination de quelques *rebbes*.

Au XVIIIe siècle, près de 80% des Juifs du monde vivaient en Pologne-Lituanie. Les Juifs furent accueillis en Pologne par le Duc Boleslav V dès 1264. Le Duc édicta une charte exceptionnelle, la Charte de Kalisz, reconnaissant aux Juifs des droits inimaginables pour l'époque, par exemple la protection des autorités : « Art. 35 : Si un juif en détresse appelle au secours dans la nuit et que ses voisins chrétiens ne se donnent point la peine de le secourir, à chacun de ces chrétiens sera imposée une amende de trois cents szelags »[10].

Alors que l'accusation de crime rituel était pratiquée communément pour se débarrasser des Juifs, la charte faisait de cette accusation un délit : « Si un Chrétien attaque un Juif, le Chrétien sera puni en conformité avec les lois de ce pays. Nous interdisons absolument sur notre domaine d'accuser les Juifs d'utiliser le sang humain »[11]. Le duc Boleslav V cherchait à faire venir les Juifs afin de développer l'économie de son pays, et les Juifs trouvèrent pour un temps une oasis de paix et de prospérité.

Et comment oublier Casimir le Grand (1333-1370), qui bâtit en prolongement de Cracovie, sur l'autre rive de la Vistule, Kazimierz, une ville pour ses sujets juifs ? Le

---

[10] Israël Bartal, « La formation du judaïsme de l'Europe orientale », in Elie Barnavi (dir.), *Histoire universelle des Juifs. De la Genèse à la fin du XXe siècle*, Paris, Hachette, 1992.
[11] Alexis P. Rubin ed. *Scattered Among the Nations-Documents Affecting Jewish History*, Toronto, Ontario, Wall and Emerson, Inc., 1993.

roi Casimir aurait eu une maîtresse juive, Esterka, qui lui donna quatre enfants – deux fils et deux filles, élevées dans la religion juive.

La légende raconte que des Juifs qui avaient fui les croisades s'étaient arrêtés dans une forêt, et découvrirent un arbre où figurait l'inscription « po-lin » : « ici tu te reposeras ». Le nom de Pologne en dériverait. Comme l'écrivait le maître hassidique Pinhas de Korzec (1726-1791), « en Pologne l'exil est bien moins amer que partout ailleurs [12] ». Car les exils s'étaient succédé partout en Europe : expulsion d'Angleterre en 1290, de France en 1394, et d'Espagne en 1492. La population juive polonaise s'accrut : de 50 000 en 1500 elle passa à 500 000 en 1650 et 750 000 en 1765 (environ 5% de la population totale).

Il est difficile de nos jours d'appréhender la réalité juive du passé. Car avec l'Emancipation, les Juifs du monde occidental sont devenus des citoyens de « confession israélite », et non plus les membres d'une communauté nationale, comme cela était le cas auparavant. Or en Pologne, l'Emancipation se produisit plus tard, et les Juifs polonais conservèrent ce statut de groupe ethnique distinct. Le monde moderne a réévalué cette notion et aujourd'hui, les Juifs sont vus comme groupe ethnico-religieux, une catégorisation qui met l'accent sur l'aspect fondamental qu'est la dimension nationale préexistante à la religion.

Pour la période qui nous occupe, les Juifs étaient donc un peuple autre, avec leur propre langue – le yiddish –, résidant sur le territoire polonais et soumis aux lois du royaume, tout en ayant le droit de gérer leurs affaires internes. Ils le faisaient par le biais du *kahal* (conseil), une

---

[12] Cité par Gershon David Hundert, *Jews in Poland-Lithuania in the 18th Century, A Genealogy of Modernity*, Oakland, University of California Press, 2006.

institution datant du Moyen-âge et reconnue officiellement par les autorités polonaises. Ce conseil était l'émanation des couches supérieures de la communauté. Seuls 10 à 15% des adultes mâles pouvaient en élire les membres Le *kahal* gérait les aspects financiers, notamment le paiement collectif des taxes qui étaient régulièrement imposées à la communauté, l'éducation, les litiges judiciaires. Toute décision avait force de loi interne. Le *kahal* continua à fonctionner assez tardivement, jusqu'à la fin du XIXe siècle.

Pendant des siècles les Juifs bénéficièrent de conditions privilégiées, en particulier dans les villes qui étaient la propriété des nobles. 80% des Juifs résidaient dans ces villes privées qui constituaient les deux tiers de l'ensemble des villes. La noblesse polonaise avait non seulement permis l'installation des Juifs sur leurs terres, mais leur avait laissé une grande autonomie de gestion, assortie de compensations financières, mettant en place une « économie colonisée ». Car s'ils étaient les acteurs économiques principaux, ils ne retiraient qu'une partie mineure des bénéfices qui revenaient essentiellement aux aristocrates.

Dans cette période qui représente quand même l'un des temps forts de l'histoire juive, les pogroms perpétrés par le cosaque Bogdan Chmielnicki (surnommé « Chmiel le mauvais ») en 1648-49 marquent une date particulièrement sombre – des dizaines de milliers de Juifs furent massacrés dans une rébellion de l'Ukraine contre le pouvoir polonais. Chmielnicki voulait éradiquer toute présence juive sur les terres ukrainiennes, et pendant des mois, ses Cosaques massacrèrent les Juifs. Plus de 300 communautés furent détruites, quelque 100 000 personnes furent tuées, et ceux qui purent s'enfuir se réfugièrent sur d'autres terres polonaises.

QU'EST-CE QUE LE HASSIDISME ?

Alors que l'immense majorité des Polonais étaient des paysans, les Juifs formaient une population urbaine, active dans le commerce et la finance. On estime que 50% à 60% du commerce intérieur était contrôlé par des marchands juifs[13]. Devenus les rouages essentiels de l'économie, ils devaient souvent être protégés contre les paysans qui voyaient en eux des concurrents étrangers et cherchaient à les faire expulser. De fait, sur les 301 villes royales et ecclésiastiques que comptait le royaume, 200 avaient adopté des édits qui interdisait toute résidence juive.

L'archevêque anglais William Coxe décrit ainsi la Pologne qu'il avait visitée en 1784 : « Le nombre de Juifs est maintenant prodigieux, et ils ont la maîtrise du commerce de tout le pays ; mais cet état florissant ne doit pas être uniquement attribué aux édits du roi Casimir en leur faveur : il est la conséquence du travail de ce peuple extraordinaire, et aussi de la paresse de ce pays et de la condition inférieure des paysans »[14].

L'autonomie des communautés juives était étendue à l'ensemble du territoire, et avait été concrétisée par la création du Conseil des Quatre Pays (*Va'ad Arba Aratzot*) vers le milieu du XVIe siècle. Cette instance représentative de quatre régions – Grande Pologne (capitale Posen), Petite Pologne (capitale Cracovie), Volhynie (Ostrog, Kremenetz), Podolie-Galicie (Lemberg) – avait permis selon l'historien Simon Dubnov la survivance nationale de la judaïcité polonaise :

---

[13] Gershon David Hundert, *Jews in Poland-Lithuania in the 18th century, A Genealogy of Modernity*, Oakland, University of California Press, 2006, p.32.
[14] William Coxe, *Travels into Poland, Russia, Sweden and Denmark* (London, 1784). Cité par G.D. Hundert, *op. cit.*, introduction.

« Cette organisation de communautés autonomes a donné à la population juive des lois et l'ordre. Elle a discipliné les masses au-delà de la juridiction étatique. Elle a donné à des gens qui n'avaient pas d'Etat un substitut d'activité nationale politique, maintint de cette manière la conscience de son autonomie, protégea et développa sa propre culture individuelle[15]. »

Le Conseil avait entre autres fonctions la collecte de l'impôt général sur les Juifs. Cette taxe était une source de revenus non négligeable pour la Couronne qui longtemps protégea « ses » Juifs. En 1717, les Juifs payaient quelque 260 000 florins d'impôts, somme assez considérable. Le Conseil fut dissout par la Couronne en 1764, affaiblissant la position des Juifs au sein du royaume, mais affaiblissant également le poids des autorités institutionnelles auprès de la population juive. Ce facteur devait encourager indirectement la propagation du nouveau mouvement religieux hassidique.

A la veille de la première partition de la Pologne en 1772, les Juifs représentaient plus de 5% de la population. Ils étaient une minorité importante, à la fois intégrée à la vie sociale et économique du pays, et, même si cela paraît antinomique, résolument séparée de la société non juive. On peut affirmer qu'au cours des siècles de résidence en Pologne s'était forgée une véritable identité juive, basée sur une affirmation de soi confiante et forte. Partout avaient été construites des synagogues souvent imposantes. Vers la fin du XVIIIe siècle, les communautés ne bâtissaient plus de synagogues en bois, mais en pierre, plus grandes, avec des décorations intérieures très riches. De petites villes comme Lancut en comptait plusieurs, signe d'un grand nombre de résidents juifs, mais aussi de

---

[15] Simon Dubnov, cité par Lucy S. Dawidowicz, *The Golden Tradition, Jewish Life and Thought in Eastern Europe*, Syracuse, New York, Syracuse University Press, 1996, p.8.

leur réussite et de leur intégration. La visibilité des communautés juives était parallèle à leur insertion dans la société non juive.

Synagogue de Lancut, construite en 1761 avec le soutien financier du Prince Stanislas Lubominski, propriétaire de la ville. Photo de l'auteur

La troisième et dernière partition de la Pologne en 1795 scella le sort de la nation polonaise, qui ne devait recouvrer son indépendance qu'en 1918. Les centaines de milliers de Juifs se retrouvèrent éparpillés dans les trois empires qui avaient absorbé les terres polonaises (Autriche, Prusse, Russie). La partie de la Pologne qui nous concerne davantage ici, la Galicie, fut dévolue à l'Autriche. En 1776, dès la première partition, l'impératrice Marie-Thérèse édita un code de régulations à l'intention des Juifs (*Judenordnung*). Parmi les mesures mises en place figurait l'interdiction de commercer avec les Chrétiens. Des impôts spécifiques furent levés.

L'empereur Joseph II (1741-1790) adopta des politiques plus libérales : sous son régime (1765-1790), les Juifs obtinrent le droit de s'installer dans toutes les villes, d'exercer des professions qui leur avaient jusque-là été fermées, et d'avoir accès à l'éducation. Ce faisant, il espérait germaniser les Juifs et mettre fin à leur caractère « séparé » qui constituait, à ses yeux, un obstacle à la construction d'une nation forte et unie. L'ensemble de ces mesures fit l'objet d'un édit, le *Toleranzpatent* de 1789. Décret relativement libéral, il contenait cependant des mesures contradictoires, comme par exemple, l'interdiction de posséder des auberges, ou des terres. Etaient maintenus également des impôts spéciaux, comme l'impôt sur le mariage, taxe destinée à limiter le nombre de mariages et juguler l'augmentation de la population juive. En même temps, il officialisait l'appartenance des sujets juifs aux communautés dans lesquelles ils résidaient. Ces dispositions étaient par conséquent assez paradoxales, puisque les Juifs étaient reconnus comme sujets de la Couronne, mais avec un statut inférieur.

Les empereurs qui succédèrent à Joseph II s'opposèrent à toute émancipation des Juifs et abolirent certaines des mesures mises en place. Ainsi, les écoles gouvernementales qui avaient été ouvertes pour les enfants juifs furent supprimées. Leur statut de sujet autrichien fut remis en question. Ils furent expulsés de certaines villes (Lwow, par exemple – aujourd'hui Lviv, en Ukraine). L'interdiction de posséder des auberges fut maintenue, et un tiers des Juifs perdirent leur moyen de subsistance. L'Autriche maintint le « non tolerandis Judaeis » (interdiction de résidence) dans les villes qui l'avaient par le passé pratiquée. Les ghettos existants ne furent pas abolis. La politique impériale maniait à la fois insertion forcée et exclusion. Le résultat fut un appauvrissement généralisé de la population juive de cette province. Lorsque le « printemps des nations » éclata en 1848, les Juifs s'engagèrent aux côtés des Polonais, réclamant une égalité des droits et l'abolition des statuts discriminatoires. Pendant une brève période (deux ans), ils jouirent des bienfaits de l'émancipation. Tout bascula en 1851, lorsque la constitution de 1848 fut révoquée. Le gouvernement revint à ses politiques discriminatoires.

C'est en 1867 que les Juifs se virent accorder la pleine égalité des droits par la nouvelle constitution. L'autre versant de cette évolution fut la transformation du statut collectif des Juifs : n'étant plus reconnus comme communauté nationale mais comme simple groupe religieux (*Religionsgemeinschaft)*, ils perdaient certains privilèges accordés aux minorités et se voyaient insérés dans un processus d'assimilation coercitif. Le yiddish n'était plus une langue reconnue, devenait un simple dialecte, et ne pouvait plus être enseigné dans les écoles publiques. Les Juifs étaient soumis comme toute autre religion à certains devoirs, définis par une loi en 1890. Il fallait officiellement rejoindre une communauté qui se voyait octroyer des pouvoirs sur l'ensemble des fidèles, par exemple celui de lever des taxes. 253 communautés religieuses s'enregistrèrent en Galicie en 1891. Le nombre de Juifs ne cessa d'augmenter : ils étaient 330 000 en 1850, 450 000 sept ans plus tard et 576 000 en 1869, soit 10% de la population totale[16]. Entre 1850 et 1914, la population juive doubla. Une grande partie résidait dans les villes. Dès 1827, on estime à 80% la présence des Juifs dans les villes. Ce chiffre augmenta jusqu'à atteindre 91%

---

[16] Arthur Eisenbach, *The Emancipation of the Jews in Poland, 1780-1870,* Oxford, Blackwell Publishers, 1991.

en 1865. En 1910, la population juive de Cracovie représentait 21% de la population de la ville, ce chiffre était de 32% à Nowy Sacz, 41% à Tarnow, etc. La proportion était parfois plus élevée dans les petits villages, les *shtetl*, qui, non sans raison, symbolisent dans l'imaginaire populaire la vie juive en Pologne. Un *shtetl* pouvait compter quelques centaines, ou quelques milliers de personnes. Comme c'était des centres de commerce, des marchés, les Juifs en effet constituaient la majorité de la population, dans la mesure où ils étaient les forces économiques majeures – les Polonais étant pour la plupart des paysans.

Si les villes voyaient une évolution vers un judaïsme plus « moderne », les *shtetl* restaient des bastions ancrés dans la tradition. Cette présence juive, fortement marquée, séparée, accentua les écarts avec la population chrétienne. Celle-ci, prise dans les crises économiques et les luttes politiques tendant vers une reconquête de la nation, se retourna souvent contre les Juifs qu'elle percevait comme des éléments étrangers menaçants.

Vers la fin du XIXe siècle, en Galicie, la situation devint extrêmement préoccupante : en 1892, un prêtre polonais, Stanislaw Stojalowski, fonda un parti extrémiste basé sur des théories antisémites, le parti de l'union des paysans polonais. L'argument de base était que les parasites juifs gangrénaient la Galicie et qu'il fallait s'en débarrasser. La propagande du père Stojalowski fut suffisamment efficace pour le faire élire à la Diète[17] autrichienne en 1898. Son élection fut suivie d'émeutes anti-juives qui éclatèrent dans 33 villes en Galicie occidentale. Nowy Sacz, Wieliczka, Stary Sacz, Sanok, Gorlice, connurent des saccages et destructions des synagogues, tavernes, auberges... La rage des paysans

---

[17] Diète : nom donné au parlement.

avait trouvé son exutoire. La situation ne cessa de s'aggraver. L'antisémitisme devenait officiel, ancré dans les institutions politiques, avec la création d'un nouveau parti en 1897, *Endecja*, branche galicienne du parti national démocrate polonais, et l'élection de 25 de ses membres au parlement autrichien. Les Juifs étaient considérés comme des étrangers, qui dominaient et contrôlaient l'économie du pays. Ces nationaux-démocrates envisageaient même une émigration forcée des Juifs polonais.

Deux Hassidim à Kasimierz. Musée de la Synagogue Haute, Cracovie

Dans un tel contexte, les Juifs se voyaient souvent contraints à vivre dans des conditions matérielles difficiles, exacerbant l'écart entre les groupes sociaux. Car la société juive était hétérogène et inégalitaire. L'élite avait une tendance à rechercher un certain degré d'assimilation, tandis que les masses populaires restaient liées à leurs *rebbes*. La vie traditionnelle du *shtetl* persistait, sous la houlette de rabbins conservateurs, ou de *tsaddikim* [18]hassidiques. La modernisation était retardée, et la Galicie restait une forteresse hassidique.

Population juive de Galicie

Année	*Population totale*	*Population juive*	*Pourcentage des Juifs*
1869	5 418 016	575 433	10.6
1880	5 958 907	686 596	11.5
1890	6 607 816	768 845	11.6
1900	7 315 939	811 183	11.1
1910	8 025 675	871 895	10.0

Source: Piotr Wróbel, «The Jews of Galicia under Austrian-Polish Rule, 1867–1918», *Austrian History Yearbook*, vol. 25, janvier 1994, pp. 97-138. Publié en ligne le 1er février 2004, www.cambridge.org

---

[18] *Tsaddik* : littéralement « homme juste ». Je reviendrai sur ce terme dans la partie consacrée à la naissance du Hassidisme.

QU'EST-CE QUE LE HASSIDISME ?

Pourcentage des Juifs dans quelques capitales et villes principales de Galicie (1900) et Pologne du Congrès (1897)

Capitales	
Varsovie	33.9
Lublin	51.3
Kalisz	31.1
Piotrków	33.1
Radom	41.5
Siedlce	53.2
Cracovie	24.1
Lwów	29.0

Autres villes	
Czostochowa	28.9
Bodzin	45.8
Stanisławów	51.2
Tarnów	42.7

source : Jacob Lestchinsky, «The Jews in the Cities of the Republic of Poland», *YIVO Annual of JewishSocial Science*, 1946, vol.1, pp. 165–166.

Pologne contemporaine. Archives du Ministère des Affaires étrangères

LA NAISSANCE DU HASSIDISME

« L'homme ne peut approcher le divin en essayant d'aller au-delà de l'humain. Il peut L'approcher en devenant humain. Devenir humain est ce pour quoi lui, cet être individuel, a été créé. Il me semble que c'est cela le cœur éternel de la vie hassidique et de l'enseignement hassidique[19]. »

Tombe du Baal Shem Tov, cimetière de Medjybij, Ukraine

Alors que l'Europe occidentale se tournait vers la raison et le progrès, rejetant les « obscurantismes » religieux, donnant ainsi naissance au mouvement des Lumières, l'Est recherchait une forme religieuse plus spirituelle et moins aride. Le Hassidisme, véritable renouveau religieux, aux composantes mystiques, était une réponse à cette quête.

---

[19] Martin Buber, *Hasidism and Modern Man*. Edited and translated by Maurice Friedman, Princeton University Press, 2015. First edition 1958.

QU'EST-CE QUE LE HASSIDISME ?

C'est en Pologne, dans la deuxième moitié du XVIIIe siècle que le Hassidisme vit le jour. Le Hassidisme répondait aux aspirations des gens simples, après des siècles de « sécheresse » théologique. Car les rabbins s'étaient orientés exclusivement vers l'étude des textes et une application stricte de la Torah, censée préserver la vérité fondamentale du judaïsme originel. Ils exerçaient une méfiance totale envers tout mouvement spirituel marqué par l'émotionnel, tel qu'avaient pu le vivre les Juifs au temps du faux messie Sabbataï Tsvi [20].

Le père du Hassidisme est Yisraël Ben Eliezer, surnommé le Baal Shem Tov [Besht], « Maître du Bon Nom » (1698-1760). Le Besht vécut presque toute sa vie à Miedzyboz, en Podolie, une ville privée qui appartenait à la famille Czartotyski. Le Besht était un maître reconnu. Ce titre particulier qui lui fut attribué se référait à ces qualités de guérisseur et visionnaire. Il y eut d'autres « Baal Shem » avant et en même temps que lui, des mystiques itinérants qui allaient prêcher de village en village, œuvrant à la reconstruction morale et spirituelle de leurs coreligionnaires : ils étaient tous des hommes dotés de dons particuliers, ils possédaient notamment, dit-on, la connaissance des noms secrets de Dieu (c'est pourquoi ils avaient été surnommés « maîtres du nom »), qui contenaient une force magique qu'ils pouvaient invoquer pour aider les hommes. Ils étaient d'une certaine façon les interprètes de la parole divine. Kabbalistes pour la plupart,

---

[20] Sabbataï Tsvi (1626-1676) : ce rabbin et kabbaliste exalté diffusa dans le monde ottoman l'idée que la rédemption était proche et qu'il avait été choisi par Dieu pour en hâter la venue. Il finit par s'autoproclamer messie en 1666, à Smyrne. Sabbataï Tsvi rassembla autour de lui des milliers de disciples, jusqu'au moment où il choisit de se convertir à l'islam pour échapper à la condamnation à mort prononcée à son encontre par le Sultan.

ils tiraient de leurs connaissances des textes sacrés une réputation d'hommes saints, aux pouvoirs quasi magiques.

La légende veut que Dieu s'adressât en ces termes au Baal Shem Tov :

> « Quitte ta hache, lui dit-il (Dieu), prends une voiture, traverse les Carpates et va en Pologne dire à mes Juifs qu'ils ne savent plus me parler. Leur âme est triste comme leur habit. De peur de rencontrer mon regard, leurs yeux s'accrochent au bout de leurs bottes. Ils pleurent, ils geignent. Courbés je ne sais sous quel poids, ils marcheront bientôt à quatre pattes. Ce peuple qui devait être joyeux d'être mon élu, je le vois plongé dans l'affliction. La lumière s'efface du visage de mes Juifs, et les barbes sèchent à leur menton. Dis-leur que je leur ordonne de relever la tête. Au lieu de gémir, ils chanteront ; au lieu de trembler, ils danseront; au lieu de jeûner, ils se griseront. Assez de larmes et vive la joie ». Israël presque en entier écouta Bal Chem Tov (…) Puis il se mit à prier en dansant, en mangeant, en buvant, en fumant en chantant. Ce fut la naissance du hassidisme[21]. »

Cette belle légende révèle ce qui est l'essentiel dans le Hassidisme : la joie et l'amour de Dieu. Le message du *Besht* peut se résumer à une idée matrice, « Dieu est dans toute chose », « Dieu est tout, et tout est Dieu ». L'ensemble de la création est l'expression de l'existence divine, et il est du devoir de chacun de servir son Créateur afin d'atteindre l'union mystique avec Dieu, la *devekout*. Par la force de la prière, chaque individu célèbre la création divine dans la joie, atteignant ainsi la rédemption. « Dieu demande le cœur », est-il écrit dans le

---

[21] *Le Juif errant est arrivé*, Albert Londres, Les Editions 10/18, 1975, p.53.

Zohar[22]. Personne n'est exclu du lien avec Dieu. La *Shekhina*, présence divine dans ce monde, peut être atteinte par la force de l'intention – *kavvanah* – et de la prière. Chaque action peut devenir un acte sacré et hâter la rédemption.

Ce message optimiste allait séduire des disciples de plus en plus nombreux, qui allaient transmettre la parole du *Besht*. Le Baal Shem Tov ne laissa aucun écrit, et c'est sur la force de la transmission orale que commença un mouvement d'une grande ampleur, mais qui ne se propagea qu'après sa mort. Car bien que réputé et connu au-delà des frontières de sa province, le *Besht* n'avait qu'un petit cercle de disciples. Il fut à l'origine du mouvement religieux, mais n'en fut pas le guide vivant.

Ce mouvement était un mouvement populaire, qui mettait l'accent sur une relation directe entre Dieu et l'homme, qui substituait la dévotion et la prière à l'étude ascétique. En insistant sur la force de la prière et de l'intention, le Baal Shem Tov avait permis aux illettrés de redevenir les enfants de Dieu. Une légende raconte qu'un homme pauvre, qui assistait à l'office de Yom Kippour dans une grande synagogue, poussa un sifflement strident au moment de la prière de la repentance, car il ne savait pas lire. Et c'est ce sifflement, plutôt que les prières des lettrés, qui sauva la communauté du jugement divin, car Dieu fut sensible à la sincérité du fidèle illettré[23].

---

[22] Le Zohar, ou Livre de la Splendeur, a été rédigé au IIe siècle par Rabbi Shimon Bar Yochaï. Caché pendant des siècles, il a été révélé par les Kabbalistes. Le Zohar est un texte spirituel, destiné, disent les Kabbalistes, à guider les fidèles pour retrouver les origines de leur âme.
[23] Arnold Mandel, *La vie quotidienne des Juifs hassidiques du XVIIIe siècle à nos jours,* Paris, Librairie Hachette, 1974, p. 14.

Le judaïsme devenait une religion du cœur – et non plus uniquement de l'esprit. La pratique religieuse imprégnait la vie quotidienne avec prières, chants, danses, une célébration de tous les instants, pour rendre grâce au miracle de la Création. Le Hassidisme insiste sur la sincérité, la pleine participation à la prière, qui contribuera à élever spirituellement l'individu et lui fera saisir intuitivement l'étincelle de sainteté qui est au cœur de la création. « La quintessence de l'intention mystique de la prière », écrit le Rebbe Jacob Joseph de Polonoy, disciple du Baal Shem Tov, « est que la personne qui prie, devrait diriger son intention de manière à faire descendre la force surnaturelle sur les lettres qu'il prononce, afin que ces lettres puissent remonter vers la force surnaturelle, pour que sa requête lui soit accordée[24] ». Croyance dans la puissance magique des lettres qui lient les deux mondes, et dans ce flux constant entre la force divine et l'Homme.

L'étude demeurait – bien évidemment – car la parole de Dieu était dans les écrits saints, et il fallait obéir aux commandements de la Torah. Mais elle s'alliait à la démonstration de la foi dans chaque action quotidienne. Car être un Hassid, c'est faire de chaque geste un acte pieux. La journée est rythmée par des prières, dès le réveil, avant les repas, avant de se coucher, etc. Le Hassid ne se contente pas de ces moments rituels. Toute action doit se faire au service de Dieu, afin de rendre hommage à la Création : « la terre toute entière est emplie de sa gloire » (Isaïe 6 :3).

---

[24] Cité par Moshe Idel, *Hasidism: between Ecstasy and Magic*, Albany, State University of New York Press, 1995, p. 74. Traduction de l'auteur.

QU'EST-CE QUE LE HASSIDISME ?

Dans son étude sur les Hassidim, Janet Belcove-Shalin[25] rapporte les propos de l'un des participants : « si l'on doit dormir, on dort au service de Dieu. De quelle manière ? La force qui naît du repos, la clarté intellectuelle sont utilisées au service de Dieu. Les activités ordinaires – gagner sa vie, boire – devraient être accomplies au service de Dieu ». « Kol asher diber Adonaï naseh venishma [26] » : « tout ce que Dieu a dit, nous écouterons et nous ferons ». C'est la vie toute entière qui reflète la conscience du divin.

Essor et diversification du Hassidisme

Dans ses débuts, le Hassidisme avait été considéré comme un mouvement dangereux pour l'unité des communautés juives. Il avait parfois été qualifié d'hérétique par les chefs religieux qui avaient tenté de bannir les propagateurs de cette nouvelle mouvance religieuse. Les composantes kabbalistiques, quasi-magiques, servaient de repoussoir à des rabbins orientés essentiellement vers l'étude. Le Gaon de Vilna (1720-1797) devint le chef de file des opposants au Hassidisme, appelés Mitnagdim. Pour contrer leur expansion, il décida de faire brûler leurs livres dans des autodafés, et prononça des excommunications [*herem*] sous l'accusation d'hérésie – sans succès. Les successeurs du Gaon iront même jusqu'à dénoncer les *rebbes* hassidiques aux autorités du pays.

---

[25] Janet S. Belcove-Shalin, *Ethnographic Studies of Hasidic Jews in America*, State University of New York Press, 1995.
[26] *Exode* 24 :3.

Il fallut plusieurs décennies avant que les *rebbes* hassidiques soient reconnus comme de vrais rabbins, et puissent jouer un rôle dans la communauté. Mais ce fut alors un essor insoupçonné qui se produisit et gagna toutes les provinces polonaises. La dissémination du mouvement commença à la mort du *Besht*. Dov Ber de Mezritsh, connu sous le nom de *Magid*, était l'un des plus proches disciples du *Besht*. Sous sa houlette le Hassidisme prit son essor dans d'autres provinces, notamment la Biélorussie et la Volhynie. Ses propres disciples fondèrent des communautés à Minsk, Karlin, Chernobyl, Berdichev, etc. En Galicie, c'est Elimelekh de Lezhensk (1717-1787) qui introduisit le Hassidisme. Il repose dans la localité de Lezajsk, et chaque année, à l'anniversaire de sa mort (*yarhzeit*), des milliers de Hassidim venus d'Israël et d'Amérique se rassemblent auprès de son mausolée.

Les hommes et femmes qui rejoignaient le mouvement se regroupaient autour d'un homme, dont l'éminence spirituelle et le charisme servaient de véritables aimants. Le *rebbe* était vu comme un *tsaddik* qui jouissait d'un prestige et d'une influence inégalés jusqu'alors. Un *tsaddik* est un homme pieux, vertueux. La croyance populaire raconte que chaque génération possède 36 *tsaddikim,* qui hâteront la venue d'un monde rédimé. « *Hashem*[27] a décrété que les Juifs partiraient en exil et seraient disséminés à travers les terres des Gentils, il a donc implanté dans chaque génération des *tsadikkim*, qui, grâce à leur sainteté, ont purifié l'air des terres où les Juifs étaient en exil[28] ».

Voilà, définie par le Rebbe Asher Zelig Margulies, ami du Rebbe Satmar Yoel Teitelbaum, l'essence du

---

[27] *Hashem*: littéralement « le Nom ». L'un des noms de Dieu.
[28] Rabbi Dovid Meisels, *The Rebbe*, Lakewood, New Jersey, Israel Bookshop Publications, 2011, p.146. Traduction de l'auteur.

tsaddik : une sainteté acquise par l'élection divine, afin de « purifier l'air » des terres étrangères. Il est écrit dans le Zohar, « le *tsaddik* relie les cieux et la terre[29] ». Et selon la Kabbale, le *tsaddik* est l'un des dix degrés (*sefirot*) de la puissance divine, qui donne au monde des hommes sa force. Le Hassidisme voit dans ses *Rebbes* à la fois une incarnation des *sefirot* et l'un des vertueux de sa génération, qui soutient le monde.

Moshe Idel, dans son ouvrage sur les Hassidim, explique que « les *tsadikkim* avaient un but spirituel : faire descendre sur leur communauté le souffle divin afin qu'elle en bénéficie[30] ». Entreprise sacrée que Glenn Dynner décrit de la façon suivante : « une fois réussi le lien avec l'Etre Suprême, le *tsaddik* permettait au flux divin d'émaner des *sefirot*, et le traduisait en satisfaction des besoins humains [31] ».

C'est sur lui que reposait la cohésion de la communauté. Il était le dépositaire de la voie vers Dieu, l'intermédiaire indispensable que l'on admirait, vénérait, et qui avait entre ses mains la destinée de ses fidèles. Comme l'avait décrit Rabbi Mendel de Rymanov, « les *tsadikkim* sont le chariot de Dieu »[32]. Ce que le rabbin David Meisels explique de la façon suivante : comme les Sages des temps bibliques étaient « le chariot » de Dieu, les *tsaddikim* « méritent de voir la *Shekhinah* (présence

---

[29] *Zohar*, livre I, 31a. Cité dans Rabbi Nachman, *Restore my Soul, Meshivat Nefesh*. Traduit par Avraham Greenbaum, Breslov Research Institute, 1980. Préface.

[30] Moshe Idel, *Hasidism: between Ecstasy and Magic*, Albany, State University of New York Press, 1995.Traduction de l'auteur.

[31] Glenn Dynner, *Men of Silk, the Hasidic Conquest of Polish Jewish Society,* Oxford University Press, 2006. Introduction, p.7. Traduction de l'auteur.

[32] Cité par Samuel C. Heilman, *Defenders of the Faith*, University of California Press, 1992, p. 19.

divine) les habiter, les transformant ainsi en chariots sacrés »[33]. « Tout dépend de la force spirituelle, l'influx qui provient du *tsaddik* et de ses actions », écrit le kabbaliste du XVIe siècle, Moshe Cordovero. « Le monde est béni par la force spirituelle qui se répand grâce aux mérites des *tsaddikim*... Tout dans le monde est soumis au *tsaddik*... et tout dépend des secrets de la Torah qui lui sont transmis [34] ». Mais le *tsaddik* œuvre pour les bienfaits des fidèles, il doit travailler avec eux, leur donner l'enseignement qui leur convient – il ne peut être séparé d'eux. Dans les mots du Baal Shem Tov, il doit « participer à la multitude [35] ». « Si le *tsaddik* sert Dieu, mais ne prend pas la peine d'enseigner à la multitude, il tombera de son échelle[36] ».

Le *rebbe* – ou *tsaddik* – détenait le pouvoir de rédemption des individus en les accompagnant, et cette foi en sa capacité mystique donnait lieu à un véritable culte. Ce lien exceptionnel entre le *rebbe* et ses disciples se poursuivait après sa mort, sa tombe devenait un lieu sacré de pèlerinage. Le pouvoir mystique du *rebbe* est une constante aujourd'hui, la filiation spirituelle se perpétue à travers le temps, comme en témoigne l'empilement des papiers sur lesquels les Hassidim inscrivent leurs prières – *kvitlech* – afin de demander la bénédiction du *rebbe* et son intercession auprès du Créateur [37].

---

[33] Rabbi David Meisels, *The Rebbe. The Extraordinary Life and Worldview of Rabbeinu Yoel Teitelbaum, The Satmar Rebbe,* Israel Bookshop Publications, 2011.Traduction de l'auteur.
[34] Moshe Cordovero, cité par Moshe Idel, *op.cit.*, p.70. Traduction de l'auteur.
[35] Martin Buber, *Tales of the Hasidim*, New York, Shocken Books, 1964, p. 7.
[36] Rabbi Nahman de Braslav. Cité par Martin Buber, *op. cit.*, p. 7.
[37] *Kvitlech* (papiers sur lesquels sont écrites des prières) sur la tombe d'un *Rebbe* Hassid. Nowy Sacz (Pologne). Photo de l'auteur.

Ohal (mausolée) de Nowy sacz. Photo de l'auteur

Chef de la communauté et leader spirituel, le *rebbe* était souvent surnommé *maddor*, acronyme hébreu signifiant « notre maître, notre enseignant, notre rabbin ». C'était là une véritable révolution dans une religion qui avait toujours été dominée par des rabbins lettrés. Le *rebbe* n'était pas issu d'une *yeshiva* réputée, mais un homme aux qualités spirituelles exceptionnelles, capable de rallier à lui des disciples en quête de réponses.

L'anthropologue Jerome Mintz définit ainsi le personnage : « Le *rebbe* est quelqu'un qui reconnaît les fonctions de l'âme. Il peut diriger une personne, l'aider avec sagesse et prières à se contrôler, et à l'orienter dans la bonne voie. Le *rebbe* peut anticiper les problèmes que chacun rencontre dans la vie de tous les jours. Il conseille chaque homme afin de l'aider à servir son Créateur au cours de la prière, de l'étude du Talmud, et dans l'accomplissement des *mitsvot*[38]. C'est cela un *rebbe*[39] ».

Le *rebbe* Menachem Mendel Schneerson, septième *rebbe* de Loubavitch, voyait tout *rebbe* comme l'intermédiaire entre Dieu et son peuple : « Le *rebbe* est totalement connecté avec ses Hassidim », explique-t-il dans ses écrits. « Non pas comme deux choses séparées qui se connectent, mais qui plutôt deviennent une. Et le *rebbe* n'est pas un intermédiaire qui sépare, mais bien qui connecte. Par conséquent, chaque Hassid ne devient plus qu'un avec le *rebbe* et Dieu… Il n'est donc pas possible de poser des questions pour savoir si l'on peut se tourner vers le *rebbe* pour qu'il prie Hashem de notre part, puisque c'est Atzmus uMehus- même (l'Essence de Dieu),

---

[38] *Mitsva* (pluriel *mitsvot*) : les 613 commandements décrits dans la Torah. Certains sont des interdictions, d'autres, des obligations positives. Cela va des lois alimentaires aux règles de conduite.
[39] Jerome Mintz, *Hasidic People: A Place in the New World*, Harvard University Press, 1992, p. 4. Traduction de l'auteur.

dans la mesure où elle s'est incarnée dans un corps. C'est en tout point similaire à l'affirmation du Zohar : « Quel est le visage du Maître (Dieu) ? C'est le Rashbi[40] ».

Le *rebbe* était investi d'une mission divine, et avait été choisi pour l'accomplir. A sa mort, il revenait à son successeur – son fils ou un proche qu'il avait lui-même désigné – de continuer sa tâche. Le principe de dynastie était né.

Le cœur du mouvement était une « cour », avec le *rebbe* officiant tel un prince religieux, recevant les visites de jeunes étudiants qui ensuite allaient prêcher dans d'autres villes et provinces, propageant ainsi le message hassidique. Tout le mouvement put se développer grâce au zèle missionnaire de ces jeunes dévots. Pour les Hassidim, la cour de leur *rebbe* était « le centre du monde »[41].

Un véritable réseau se mit en place, recouvrant l'ensemble du territoire. Chaque leader hassid avait ses spécificités, attirant à lui différentes sortes de disciples, plus ou moins en quête de réconfort ou d'encadrement spirituel. Il allait de soi qu'on ne pouvait pas simplement être un hassid : on était le disciple d'un *rebbe* et membre de sa cour.

Des écoles théoriques prirent naissance, formalisant l'existant. Les premiers livres hassidiques furent publiés dans les années 1780. Mais il fallut attendre le siècle suivant pour que des *yeshivot* hassidiques soient créées. C'est Shlomo Halberstam (1847-1905), le fondateur de la dynastie Bobov qui, le premier, établit une *yeshiva* en Galicie en 1881 à Vishnitz. C'était sans aucun

---

[40] Rebbe Schneerson, *Likkutei Sichos*, 1951. Rabbi Shimon Bar-Yohai – Rashbi – est l'auteur du Zohar.
[41] « Crown Heights est le centre du monde », article de Henry Goldschmidt, *Diaspora,* 9,1 (2000).

doute un retour à des valeurs plus traditionnelles, privilégiant à nouveau l'étude de la Torah. Bientôt chaque cour hassidique eut sa propre *yeshiva*. L'extrême individualité de ce mouvement entraîna des variantes régionales. Et même si les fondements étaient communs, ces différences engendrèrent des rivalités entre les cours.

Rymanow, Bobowa, Karlin, Stolin, Lubavitch, Satmar, Belz…Chaque groupe prit le nom de la ville ou du village où il trouva son origine. Le *shtetl* était par excellence le lieu de développement du Hassidisme, un lieu de *hasidus*. Hasidus signifie « piété », mais plus que la simple piété, *hasidus* dénote une manière de vivre, porteuse de sens, car elle inscrit l'individu dans sa communauté. C'est un élément constitutif de l'identité individuelle *et* de l'identité du groupe. De ce fait, les deux identités mêlées assurent la pérennité de la communauté. *Hasidus* signifie respecter les commandements de Dieu à chaque instant du jour, accepter les règles de conduite, le rôle qui est assigné à chacun. Et cette caractéristique du *shtetl* s'est transposée dans les communautés hassidiques contemporaines.

Conflits au sein des communautés juives

Dans le contexte politique changeant, le courant assimilationniste gagnait du terrain. Les terres hassidiques voyaient se développer une tendance religieuse réformée, proche des tenants de la *Haskala* (les Lumières juives)[42].

---

[42] *Haskala*: les Lumières juives. Période (fin 18e – 19e siècles) caractérisée par l'avancement d'idées similaires à celles des Lumières en Europe occidentale, qui mettaient l'accent sur la raison et le

QU'EST-CE QUE LE HASSIDISME ?

Les cultures allemande et polonaise attiraient de plus en plus d'adeptes, la « polonisation » l'emportant vers la fin du XIXe siècle. L'autonomie accordée à la Galicie en 1867 accentua cette tendance : il fallait pouvoir coopérer avec les élites polonaises. A cette fin, des organisations furent créées, la plus importante étant *Aguda Akhim* (l'alliance des frères), fondée en 1882 à Lwow. Ses fondateurs avaient entrepris l'éducation de leurs coreligionnaires : cours du soir, création de clubs, de bibliothèques, afin de propager la connaissance de la langue et de la culture polonaise. Les conflits intracommunautaires étaient nombreux, car les différences culturelles opposaient les segments variés des groupes régionaux.

L'hétérogénéité était la marque des communautés juives polonaises au XIXe siècle. Et l'écart entre conservateurs et progressistes se fit plus aigu à mesure que la *Haskala* progressait. Lwow devint un centre important de la *Haskala* au milieu du XIXe siècle : en 1845 fut bâtie la première synagogue réformée de Galicie, sur le modèle des temples allemands, entreprise soutenue par l'administration autrichienne qui encourageait la modernisation du judaïsme. Cracovie connut le même engouement pour la *Haskala* et bâtit à son tour des temples réformés. Le pays était partagé entre *maskilim* (partisans de la *Haskala*) et Hassidim. Mais le Hassidisme emportait la majorité des adhésions : on estime que dans les années 1850, 6 Juifs sur 7 étaient des Hassidim[43].

---

progrès. Cela impliquait pour ses partisans la refonte des traditions millénaires. La *Haskala* vit la naissance du judaïsme réformé dans les années 1840.
[43] Raphael Mahler, *A History of Modern Jewry, 1780-1815*, New York, Schocken Books, 1971.

Le conflit atteignit des proportions inégalées vers la fin du XIXe siècle. En 1882, une conférence réunissant rabbins orthodoxes et leaders hassidim prononça l'excommunication des Juifs de la *Haskala*. Compliquant un peu plus la situation, un mouvement nationaliste en faveur de l'établissement d'un Etat en Palestine se développa au sein de la judaïcité galicienne. L'éruption de pogroms dans la Russie voisine en 1881-1882 et la propagation de l'antisémitisme en Galicie et en Autriche même remettait en question la validité de l'assimilation. Cherchant des réponses à la fois aux problèmes de l'assimilation, de l'antisémitisme et des persécutions anti-juives, les uns se tournèrent vers le principe d'auto-détermination nationale[44], les autres se refermèrent sur leurs communautés religieuses. Mais le Hassidisme continua à prospérer et dominer le judaïsme de Pologne, puisque l'on dénombre plus de 2 millions de Hassidim à la veille de la deuxième guerre mondiale. Quelques milliers seulement survécurent.

Emergence de dynasties

Comme nous l'avons vu précédemment, les cours hassidiques fonctionnaient avec de véritables dynasties : le *rebbe* fondateur choisissait son successeur, le plus souvent son fils aîné, ou son gendre, s'il n'avait pas de fils. L'idée était de perpétuer un enseignement – et qui de mieux qu'un membre proche de la famille, qui avait étudié avec le *rebbe* lui-même ? Comme l'explique le sociologue Joseph Dan, « l'adhésion à des *tsadikkim* héréditaires était le facteur principal qui garantissait la préservation et le

---

[44] Publication en 1882 par Leo Pinsker du pamphlet *Autoémancipation*.

renouveau des communautés hassidiques. Partout où l'on pouvait trouver un héritier effectif à une lignée dynastique de leaders, la communauté se rebâtissait autour de lui et revivifiait son ancienne tradition [45] ».

L'une des dynasties aujourd'hui implantées en Amérique du Nord est la dynastie Bobov, qui joua un rôle fondamental dans le développement du Hassidisme dans le Nouveau Monde. C'est Shlomo Halberstam, le troisième *rebbe* Bobov, qui réenracina sa communauté aux Etats-Unis.

Shlomo Halberstam III (1907-2000) était le petit-fils de Shlomo Halberstam I, (1847-1905), fondateur de la communauté hassidique Bobov : il fut le créateur de la première *yeshiva* hassidique à Vishnitz (Galicie) en 1881 puis établit sa cour à Bobowa. Son fils, Ben Tzion Halberstam, lui succéda à sa mort en 1905, mais il fut tué dans un pogrom à Lwow en 1941. Et c'est le fils de ce dernier, Shlomo, survivant de la Shoah, qui partit pour les Etats-Unis en 1946, déterminé à recréer une communauté hassidique dans le Nouveau Monde.

Ce fut le début d'une véritable renaissance hassidique. C'est sans aucun doute l'un des facteurs qui peuvent expliquer cette réimplantation du Hassidisme en Amérique du Nord : quelques grands chefs religieux survécurent à la Shoah, et purent entraîner avec eux les autres Hassidim survivants. C'est grâce à leur force spirituelle et à leur détermination que les Hassidim décidèrent de vivre comme ils avaient vécu dans l'ancien monde.

---

[45] Joseph Dan, «Hasidim: The Third Century», p.423, in *Hasidism Reappraised*, edited by Ada Rapoport-Albert, The Littman Library of Jewish Civilization, 1996.

LES HASSIDIM DE LA BELLE PROVINCE

La renaissance hassidique doit beaucoup aux *rebbes* de Satmar, Bobov, Skver et Klauzenberg. Ils avaient tenté de rester en Europe jusqu'au dernier moment, car l'Amérique leur apparaissait comme un grand danger spirituel. Pendant longtemps, ils avaient considéré que les Etats-Unis étaient « a treife medine », une terre impure, où la modernisation et l'assimilation détruisaient l'âme juive. La Shoah les obligea à se rendre sur ce continent qui était le seul lieu où ils pourraient survivre – et même revivre de manière traditionnelle, en respectant l'être juif.

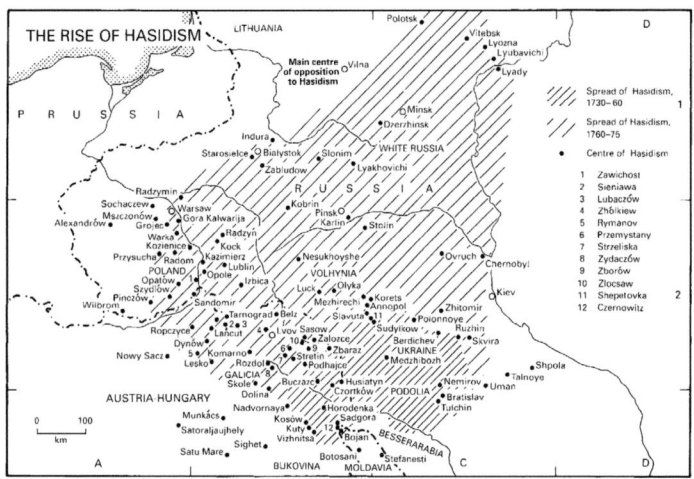

Essor du Hassidisme. Routledge.com

CHAPITRE 2
DE L'ANCIEN MONDE AU CANADA LES DYNASTIES HASSIDIQUES S'IMPLANTENT A MONTREAL

LA COMMUNAUTÉ JUIVE DE MONTRÉAL

Avec 1 700 000 habitants, Montréal est la grande métropole du Québec. Elle est caractérisée par une immigration importante, diverse. Si le français reste la langue officielle du Québec, la première langue parlée à Montréal est l'anglais du fait d'une immigration continue en provenance de pays non francophones : les immigrants doivent apprendre le français s'ils veulent devenir résidents permanents, mais dans bien des commerces montréalais, il est plus facile de communiquer en anglais. Cette particularité linguistique se double d'une particularité sociologique : la diversité culturelle et religieuse est sans commune mesure avec le reste de la Province.

On dénombre environ 91 000 Juifs à Montréal, ce qui fait de cette communauté la deuxième du pays, après Toronto, qui en compte 180 000. Elle s'est constituée par vagues successives d'immigrants, Britanniques à l'origine, puis d'Europe de l'Est et enfin, du Maroc dans les années 1960. A la diversité des racines géographiques vient s'ajouter une diversité dans les pratiques religieuses : ultra-orthodoxie, orthodoxie, synagogues *conservative*[46], réformées, reconstructionnistes[47]. Cette communauté est caractérisée par une forte proportion de Juifs qui s'identifient comme étant orthodoxes – 22% - alors que dans le reste du Canada, seuls 14% se réclament de l'orthodoxie (et aux Etats-Unis, le pourcentage tombe à 6%).

L'histoire juive québécoise remonte à la conquête de la Nouvelle France par les Anglais. Car jusqu'alors, Juifs et Protestants avaient été bannis de la colonie française par l'édit de 1627 promulgué par le cardinal de Richelieu.

En septembre 1760, l'armée britannique, commandée par le Général Amherst, arrivait en Nouvelle France. Les troupes allaient rapidement conquérir Québec et Montréal, et la France dut céder ses possessions au Canada par le Traité de Paris de 1763. Les forces militaires comptaient quelques officiers juifs, mais les premiers Juifs qui s'installèrent au Canada étaient des commerçants qui approvisionnaient l'armée. Ce sont eux qui vont former le noyau de la communauté juive canadienne.

---

[46] Le mouvement « conservative » prit naissance à la fin du XIXe siècle pour offrir une voie médiane entre le judaïsme strictement orthodoxe et la synagogue réformée, jugée trop radicale.
[47] La tendance « reconstructionniste » s'est développée dans la période après-guerre. Elle insiste sur l'aspect civilisationnel et culturel du judaïsme.

DE L'ANCIEN MONDE AU CANADA

Parmi ces pourvoyeurs figurait Aaron Hart, dont le nom reste associé à l'origine de la judaïcité canadienne[48]. En 1760, Hart s'installa à Trois-Rivières, une petite localité de 800 habitants. Outre l'approvisionnement de l'armée, il diversifia ses activités en se lançant dans le commerce de la fourrure et de l'alcool et fit rapidement fortune. Il acquit des domaines autour de Trois-Rivières, dont la Seigneurie de Bécancour, gagnant ainsi le droit de porter le titre de Seigneur de Bécancour, titre héréditaire transmis à ses descendants jusqu'à l'adoption d'une loi abolissant les titres féodaux dans le Bas-Canada en 1854.

Aaron Hart fit venir de Londres d'autres familles juives, notamment la famille de sa femme, Dorothée Judah. L'on estime à 10% la proportion de commerçants juifs parmi l'ensemble des commerçants de la province[49]. Mais le nombre de Juifs britanniques présents au Canada resta longtemps très limité : à peine 154 Juifs sont recensés en 1841 à Montréal[50].

Très rapidement, les Juifs étaient devenus partie de la bourgeoisie anglaise qui dominait l'économie du pays : ils étaient des rouages essentiels dans le développement commercial et bénéficiaient d'un climat favorable aux affaires. A la fin des années 1780, ils avaient jeté les bases d'une communauté qui affirmait sa spécificité religieuse et culturelle : Montréal avait depuis 1768 sa synagogue, Shearith Israel, de rite sépharade. Le rituel sépharade était alors le rituel standard. Les premiers immigrants qui s'étaient installés en Amérique du Nord étaient d'origine sépharade. Chassés d'un Portugal et d'une Espagne

---

[48] Denis Vaugeois, *Les Premiers Juifs d'Amérique, 1760-1860*, Québec, Les éditions du Septentrion, 2011.
[49] Gerald Tulchinsky, *Canada's Jews, A People's Journey*, University of Toronto Press, 2008.
[50] www.cjhn.ca

gangrénés par l'Inquisition, ils avaient d'abord rejoint la Hollande, puis les colonies hollandaises en Amérique du Sud, avant d'en être chassés par la conquête portugaise. Certains avaient émigré dans les colonies en Amérique. 23 Juifs sépharades quittèrent le Brésil en 1654 pour s'installer à la Nouvelle Amsterdam – devenue New York après la conquête britannique de 1664.

Après 1656, les Juifs avaient été autorisés à se réinstaller en Angleterre par Oliver Cromwell, 350 ans après en avoir été expulsés. Ce sont eux qui émigreront vers le Canada.

Québec avait bâti sa première synagogue en 1777, Montréal et Québec avaient leur cimetière juif, et leurs premières institutions établies par des Juifs venus des colonies américaines ou de Londres. Dans une province où la majorité de la population était catholique et francophone, ils avaient rejoint le camp de la minorité anglophone. La seule chose qui les différenciait de leurs concitoyens britanniques était la religion. Mais leur intégration sociale était un acquis, et ils firent très vite partie de l'élite économique et intellectuelle du pays.

Sur le plan politique, la situation différait quelque peu. Bien que les Juifs aient eu, d'emblée, le statut de sujets britanniques, ils étaient exclus de la fonction publique et de la politique. L'un des fils de Hart, Ezekiel, fut élu député par les citoyens de Trois-Rivières en 1807 ; il ne put cependant jamais siéger au Parlement, du fait des restrictions imposées aux citoyens, qui devaient prononcer serment sur la Bible, en affirmant leur foi chrétienne : « Ezekiel Hart, Ecuyer, professant la religion juive, ne peut siéger ni voter dans cette chambre », proclama l'Assemblée[51].

---

[51] Gerald Tulchinsky, *op. cit.*, p. 26.

DE L'ANCIEN MONDE AU CANADA

C'est en 1832 que ces restrictions furent levées, grâce à une loi votée par l'Assemblée législative du Bas-Canada (le futur Québec), sous la présidence de Louis-Joseph Papineau, avec l'appui de la majorité francophone de l'Assemblée, et les Juifs canadiens virent leurs pleins droits civiques garantis. Les Juifs résidant en Angleterre durent attendre encore 25 ans pour acquérir cette émancipation politique.

Les Juifs représentaient une minorité infime jusqu'à l'arrivée des réfugiés d'Europe de l'Est, entre 1881 et 1920. En 1861, Montréal ne comptait que 1 350 Juifs[52], et aux deux congrégations de Montréal, trois autres étaient venues s'ajouter : Toronto, Hamilton et Victoria[53]. Dans les années 1850-1860, des immigrants originaires de Pologne et d'Allemagne vinrent s'établir à Montréal, modifiant ainsi la composition sociologique de la communauté. Ils fondèrent leur propre congrégation, de rite ashkénaze, Shaar Hashomayim, en 1860. Plus tard, grâce à l'augmentation du nombre de ses membres, la congrégation put acquérir un terrain situé dans la partie « riche » de la ville et construisit un bâtiment majestueux.

Dans les deux dernières décennies du XIXe siècle, la situation des Juifs en Russie devint très difficile, les poussant à s'enfuir du pays. L'Amérique du Nord, dans son ensemble, reçut un afflux exceptionnel d'immigrants chassés par la misère économique, les persécutions, et les pogroms. En effet, après l'assassinat en mars 1881 du tsar Alexandre II par des anarchistes, la violence se déchaîna dans les villages russes contre les habitants juifs qui avaient été accusés de fomenter l'attentat. Ces pogroms, restés dans l'histoire juive sous le nom de *soufot ba negev* (tempêtes du sud) causèrent la mort de centaines de

---

[52] www.cjhn.ca
[53] Gerald Tulchinsky, *op.cit.*, p. 74.

personnes, et la destruction de propriétés dans plus de deux cents lieux entre 1881 et 1884. Entre 1881 et 1890 quelque 2 millions et demi immigrants juifs s'installèrent aux Etats-Unis, et environ 18 000 au Canada.

La communauté juive montréalaise, qui comptait 16 000 personnes en 1901, atteint le nombre de 29 000 personnes en 1911, 46 000 en 1921, 60 000 en 1929 et 63 000 en 1941.

Les lois sur l'immigration furent durcies et empêchèrent l'entrée de réfugiés : seules 5 000 personnes furent accueillies durant la Shoah. Après 1948 le Canada rouvrit ses portes, et environ 12 000 Juifs vinrent s'installer à Montréal.

Lors de la vague migratoire des années 1890-1900, la plupart des immigrants s'installèrent au cœur de la ville, sur la Main[54].

La Main était alors une enclave ethnique qui englobait six blocs de chaque côté du boulevard St Laurent, depuis St Antoine jusqu' à l'avenue du Mont Royal au nord. "A *shtetl* within a *shtut*[55]", petit village juif à l'intérieur de la ville, c'est ainsi qu'était décrit ce district de Montréal où une vie authentiquement juive se déroulait. 31 synagogues avaient été bâties, les échoppes se multipliaient. Après New York, Montréal devenait le nouveau berceau de la *yiddishkeit* dans le Nouveau Monde.

---

[54] La Main ou boulevard St Laurent du Main est l'artère principale qui sépare Montréal en parties est et ouest
[55] Sara Ferdman Tauben, *Traces of the Past. Montreal's Early Synagogues*, Montréal, Véhicule Press, 2011, p.42.

La « Main ». Boulevard St Laurent

Qu'est-ce que la *yiddishkeit* ? La *yiddishkeit*, c'est à la fois une culture, une langue, un mode de vie, une vision juive du monde, c'est « être Juif au monde ». Belle expression qui décrit à la fois un regard porté sur le monde et une empreinte laissée dans l'univers. La *yiddishkeit* s'est exprimée dans tous les aspects de la vie, par le théâtre, la littérature, la politique, le syndicalisme…

Le grand écrivain juif montréalais, Mordecai Richler, nous livre ce portrait du « Montréal juif »[56]:

> *A longueur de journée, le boulevard Saint-Laurent – la Main – grouille de Juifs besogneux qui font là leurs provisions, et achètent aussi des meubles, des vêtements*

---

[56] Mordecai Richler, *Mon père, ce héros*, traduit de l'anglais par Jean Simard. Ottawa, Le Cercle du Livre de France Ltée, Collection des Deux Solitudes, 1975, p. 20.

> *et des viandes. Les murs, les palissades sont placardés d'affiches électorales défraîchies, en yiddish, en français, en anglais. La rue empeste l'ail, la chicane, les encaisseurs de créances. On entasse en désordre, dans les ruelles, les boîtes à oranges bourrées de déchets et de fruits avariés. D'agiles gamins s'empiffrent de prunes chapardées aux étalages. Tandis que les chats, plus précautionneux, rôdent silencieusement autour du marché aux poissons.*

Outre des synagogues de taille importante, les nouveaux venus de Pologne ou Russie établirent des *shtiebls*, simples pièces dans des appartements – voire des locaux commerciaux – lieux de culte modestes où se rassemblaient les fidèles qui vivaient dans la même rue. Ils reproduisaient à Montréal les *shtiebls* de leurs *shtetls* d'origine. De cette manière, ils conservaient l'orthodoxie religieuse de leurs origines, et s'adaptaient plus facilement à l'évolution de leur congrégation. Car le judaïsme canadien, à l'instar du judaïsme américain, avait connu une modernisation l'amenant vers une version réformée du culte : livres de prières avec la traduction en anglais, introduction de sermons, musique instrumentale pendant les offices, et abolition de la séparation entre les hommes et les femmes. Ces changements étaient trop brusques pour les nouveaux venus, d'où leurs initiatives en termes de création de synagogues, proches de leur mode traditionnel. C'était aussi un pas vers l'intégration à la société anglo-canadienne, en permettant d'introduire une progressivité dans les changements sociaux et culturels.

Voici la description que donne Judith Seidel, en 1937, de la Main : « *Le boulevard St Laurent est plein de gens à toute heure du jour et du soir, car c'est ici qu'on trouve tous les commerces d'alimentation : marchés de viande et de poisson casher, épiceries, charcuteries, boulangeries, crèmeries. Nombre de vitrines ont des inscriptions en yiddish. Même la banque de Montréal au coin de la rue Pine et du boulevard St Laurent affiche des annonces en yiddish... Partout, à l'intérieur comme à l'extérieur, on entend parler yiddish[57]... ».*

En 1931, le yiddish devint la troisième langue parlée à Montréal, après le français et l'anglais. Et dans les années 1940, alors que plus de 50% des Juifs étaient nés au Canada, quelque 80% continuaient à parler le yiddish[58].

Le poète Jacob Isaac Segal, d'origine ukrainienne, célébra dans l'un de ses poèmes cette vie juive intense qui animait le Vieux Montréal, ce boulevard Saint Laurent, « superbe ornement détaché d'une vieille culture[59] ». La grande majorité des Juifs de Montréal vivait alors dans le Mile End et sur la Main.

Tout un réseau social fut mis en place afin d'assurer une aide intracommunautaire. A Montréal comme ailleurs, les Juifs répondaient à l'impératif de la *tsedaka* : donner aux pauvres relève de la justice, ce n'est pas une aumône. C'est la racine du mot *tsedaka* : *tsedek* signifie justice. La charité est un acte qui répond aux besoins des nécessiteux, une obligation auquel chaque Juif doit se soumettre, afin de rétablir la justice. Ils fondèrent écoles et instituts, comme par exemple le Montefiore Hebrew Orphans' Home (1918) sur Jeanne Mance dans le Mile End, associations caritatives (*landsmanchaften*), Montreal Free Loan Association, un établissement de prêts financiers gratuits (en 1911), la Federation of Jewish Philanthropies (1917), hôpitaux (dont le célèbre Jewish

---

[57] Cité dans Sara Ferdman Tauben, *op. cit.* Traduction de l'auteur.
[58] Louis Rosenberg, « The Jewish Population of Canada – A Statistical Summary », dans Sara Ferdman Tauben, *op.cit.*, p.42.
[59] Jacob Isaac Segal, « Alt Montreal», dans *Di Drite Soude, Le troisième festin*, Montréal, 1937. Traduit par Pierre Anctil.

General Hospital fondé en 1934), bibliothèques (la Jewish Public Library ouvrit ses portes en 1914) …

Mais dès la fin des années 1950, le quartier de la Main fut déserté par ses habitants juifs, qui avaient connu une ascension sociale très nette. La prospérité économique aidant, ils avaient quitté le centre-ville pour des quartiers résidentiels où ils avaient acquis des maisons : « Les familles juives furent parmi les premières à s'éloigner du centre de la grande métropole animée pour profiter d'un air meilleur, de l'espace et de meilleurs équipements », écrit le journaliste Israël Mendres[60].

Le rêve canadien ressemble fortement au rêve américain : posséder une maison avec jardin était le but des classes moyennes. Ils s'établirent à Westmount, où vivaient déjà les membres de la communauté juive d'origine britannique, installés dans ce quartier aisé à l'ouest de Montréal depuis le XIXe siècle.

Le *Golden Square Mile*, comme l'appelaient alors les Montréalais, était le symbole d'une bourgeoisie intégrée, qui avait réussi dans le commerce et les affaires. C'était aussi un modèle à suivre pour les immigrants déshérités qui avaient afflué sur le nouveau continent.

Témoignage de cette réussite : l'érection de synagogues imposantes, dont la majestueuse Shaar Hashomaym, inaugurée en 1922 sur Kensington Avenue à Westmount :

> Cette nouvelle synagogue est une réussite que ses fondateurs estimaient peu vraisemblable… Avec une structure aux proportions imposantes dignes d'une cathédrale, dominant les alentours, elle diffuse l'essence

---

[60] Israel Mendres, «Montreyal fun nekhten», *Kaneder Adler*, 1947. Traduit par Vivian Felsen, *Between the Wars, Canadian Jews in Transition*, Montréal, Véhicule Press, 2003.

même de la permanence et de la majesté. Construite en brique et dans un grès gris vitrifié, elle est surmontée par une série de petites coupoles mauresques qui confèrent à l'ensemble un air oriental mystique[61].

Synagogue Shaar Hashomaym, inaugurée en 1922 sur Kensington Avenue à Westmount

La construction de synagogues qui rivalisaient en importance avec les édifices religieux chrétiens était la démonstration de l'intégration à la société non-juive, une

---

[61] «Dedication Service: A Historical Sketch, September 17, 1922». Sara Ferdman Tauben, *Traces of the Past: Montreal's Early Synagogues*, Montréal, Véhicule Press, 2011, p.32.

affirmation de confiance en soi, de satisfaction dans le statut atteint, et aussi une sorte de gratitude envers ce pays qui avait offert une citoyenneté égale. Les Juifs canadiens donnaient ainsi la preuve qu'ils étaient dignes de la confiance accordée.

La difficulté principale avait été de conjuguer appartenance à la société canadienne – ce qui ne posait aucun problème, et appartenance à la société québécoise. Car l'identité québécoise du début du XXe siècle était indissociable *et* de la langue française, *et* de la religion catholique. Les Juifs s'étaient vus exclus du système scolaire francophone, régi par l'Eglise catholique, qui avait toujours manifesté une grande méfiance vis-à-vis du judaïsme. Devant leur insistance à vouloir inscrire leurs enfants dans les écoles publiques, l'Assemblée législative du Québec adopta une loi le 25 avril 1903, qui autorisa les « personnes professant la foi judaïque » à déclarer leurs enfants comme « protestants pour des fins éducationnelles ».

Le texte de loi énonce ce qui suit :

> Après l'entrée en vigueur de la présente loi, les enfants des personnes professant la religion judaïque, auront les mêmes droits d'être inscrits dans les écoles publiques de la province que les enfants protestants et seront traités de la même manière que les enfants protestants pour toutes les fins scolaires.
>
> Néanmoins aucun élève de croyance judaïque ne pourra être contraint de lire ou d'étudier dans aucun livre religieux ou de dévotion, ni de prendre part à aucun exercice religieux ou de dévotion auquel s'objectera le père, ou, à son défaut la mère, ou le tuteur ou la personne qui a la garde ou le soin de cet élève[62].

---

[62] « Loi amendant l'article 496 de la loi de l'instruction publique ». www.bibliotheque.assnat.qc

Ils avaient par conséquent rejoint le système éducatif anglophone protestant, avant de fonder leurs propres écoles. Le résultat immédiat fut une anglicisation des immigrants d'Europe orientale, et une intégration à la communauté anglophone qui dominait économiquement. Comme l'explique Israël Medresh, « plusieurs d'entre eux espéraient que, aussi vite qu'ils apprendraient l'anglais, aussi vite pourraient-ils laisser derrière eux les usines, avec leurs contremaîtres, et s'établir un petit commerce bien à eux... Leurs enfants sont devenus aujourd'hui des citoyens bien en vue et des personnages puissants, qui jouent un rôle important dans la communauté juive de la ville [63] ». C'est ainsi que se forgea une identité juive anglo-canadienne, éloignée de l'identité québécoise première. La mainmise de l'église catholique sur la société avait empêché l'intégration d'éléments allophones au prétexte de la religion : c'était se priver d'un apport précieux en termes de population, et encourir une diminution de l'influence linguistique – sans oublier le risque de tensions entre les groupes. Le Québec a ainsi connu une forte période d'antisémitisme dans la période entre les deux guerres, l'Eglise québécoise professant elle aussi cet « enseignement du mépris » dont parlait Jules Isaac. Les autorités religieuses catholiques ont littéralement « jeté » les immigrants juifs dans les bras de la communauté anglophone, qui les a absorbés...

Dollard-des-Ormeaux, district légèrement plus éloigné du centre-ville, fut aussi la destination d'un certain nombre d'entre eux, qui étaient parvenu à échapper à la misère économique de la Main. Les synagogues et commerces de la Main furent vendus, et ne subsistent plus aujourd'hui que la charcuterie Schwartz – visite

---

[63] Israël Medresh, *Le Montréal juif d'autrefois* (1947). Traduit par Pierre Anctil, Les éditions du Septentrion, 1997.

incontournable pour les touristes – et la congrégation Beth Shlomo, connue sous le nom de Bagg Street Shul (à l'angle des rues Clark et Bagg), datant de 1921, classée monument historique par le gouvernement du Québec, qui reste utilisée pour les offices de Shabbat et les grandes fêtes.

La charcuterie Schwartz, sur le boulevard St Laurent

Congrégation Beth Shlomo (Bagg Street Shul), détail du fronton. Photo de l'auteur.

Congrégation Beth Shlomo (Bagg Street Shul), Façade et intérieur. Photos de l'auteur.

LES HASSIDIM : 70 ANS DE PRÉSENCE À MONTRÉAL

Les Hassidim de Montréal ont une longue histoire dans la Cité. Cela fait plus de soixante-dix ans qu'ils ont choisi la métropole québécoise pour y établir leurs communautés.

Les premiers Hassidim arrivèrent à Montréal en 1941. Le *rebbe* Pinhas Hirschprung était originaire de Dokla, en Pologne, et avait étudié à la grande *yeshiva Chachmei* de Lublin. Déporté pendant la deuxième guerre mondiale, il était parvenu à s'enfuir du camp de concentration où il était interné et avait atteint la Lituanie, puis la Sibérie, s'était embarqué pour Cuba et était finalement arrivé à Shangaï. De là, il avait embarqué pour la Colombie Britannique et après avoir traversé tout le Canada, s'était installé à Montréal. Il créa la première *yeshiva* de Montréal, « Merkaz Torah ». Par la suite, le *rebbe* devint Grand Rabbin de Montréal et dirigea le Vaad Ha'ir (Jewish Community Council of Montreal), de 1969 à sa mort en 1998.

Avec huit autres Hassidim, le *rebbe* Loubavitch Leib Kramer avait fui la Pologne pour la Lituanie et avait, grâce à Chiune Sugihara, vice-consul japonais à Vilna, obtenu un visa pour le Japon. Ils traversèrent à pied le continent, s'installèrent dans un premier temps à Kobe, puis après six semaines, partirent pour Shangaï. Le gouvernement canadien émit alors quelques visas dont ils purent profiter : depuis Shangaï ils embarquèrent pour San Francisco, prirent le train jusqu'à Montréal où ils arrivèrent le 24 octobre 1941. Le *rebbe* Kramer, sur la demande expresse du *rebbe* de Loubavitch, établit immédiatement une branche de la *yeshiva* Tomchei Tmimim, séminaire rabbinique Loubavitch[64].

Entre 1941 et 1951, huit groupes émigrèrent à Montréal : Loubavitch, Breslev, Belz, Klausenberg, Satmar, Vishnitz, Bobov, Tash. Le *rebbe* Klausenberg fonda la *yeshiva* « First Messifta of Canada » (1949), puis ce fut le tour des Belz, avec « Hasidei Belz Umakhzik Hadath » (1951), etc.

Comme l'exprimait avec simplicité Alex Werzberger, directeur de COHO – Coalition of Hasidic Organizations of Outremont – « lorsqu'ils arrivèrent à Montréal, les Hassidim étaient épuisés, hagards, et simplement reconnaissants d'être en vie[65] ».

La Main fut leur premier lieu d'installation. Puis ils s'éloignèrent du centre, comme les immigrants juifs qui les avaient précédés, pour s'établir à Outremont et dans le quartier limitrophe du Mile End. Les Loubavitch et Breslev choisirent de résider à Côte Saint Luc et Snowdon, au nord-ouest de Montréal, et les Tash ont créé leur ville à Boisbriand.

Aujourd'hui, Montréal compte onze groupes : Loubavitch, Breslev, Satmar, Belz, Tash, Klauzenberg, Munkacz, Pupa, Skver, Bobov, Vishnitz. Les trois groupes les plus importants sont les Loubavitch, les Belz et les Satmar. Au gré des découpages historiques, ces villes, ou villages d'origine, ont changé d'appartenance nationale – hongroise, polonaise ou roumaine. Mais les communautés hassidiques ont conservé les coutumes et traditions historiques.

---

[64] http://rabbikramerslegacy.com
[65] Valerie Stoker, «Drawing the line: Hasidic Jews, Eruvim and the public space of Outremont, Quebec», *History of Religions*, vol.43, n°1, août 2003.

LES HASSIDIM DE LA BELLE PROVINCE

Loubavitch – « Lyubavichi » - « ville de l'amour fraternel », autrefois russe, est maintenant biélorusse. Breslev : ville d'Ukraine où vécut le *rebbe* Nachman (1772-1810), arrière-petit-fils du Baal Shem Tov, qui donna son nom à cette mouvance hassidique dont la particularité est qu'il n'y eut aucun successeur au *rebbe*. Satmar, ou Satu Mare, faisait partie de la Hongrie, mais se trouve aujourd'hui en Roumanie. Belz était située dans la province polonaise de Galicie, et a été incorporée à l'Ukraine, à 60 km de la Pologne. Bobov (Bobowa) était une ville de Galicie, et est restée polonaise. Klausenberg est dans le nord-ouest de la Roumanie, en Transylvanie. Munkacs, autrefois en Hongrie, est également en Ukraine aujourd'hui. Skver, ou Skvira, et Vishnitz (anciennement en Bukovine) sont aujourd'hui en Ukraine. Pupa (Papa) est toujours une ville hongroise. Tash, ou Nyirtas, est en Hongrie (près de la frontière tchèque).

La Coalition of Outremont Hasidic Organizations, organisme officiel des groupes hassidiques dirigé par Alex Werzberger, réalise périodiquement des études sur Outremont et le Mile End afin d'évaluer les besoins des membres de la communauté. Une précédente étude datant de 1997 indiquait un total de 676 familles hassidiques, avec une moyenne de 5.6 enfants par famille. L'étude dénombrait 120 familles Satmar, 160 Belz, 75 Bobov, 60 Skver, 60 Vishnitz, 25 Munkacz, 20 Pupa, 15 Klauzenberg, 10 Sanz. Pour une estimation de l'ensemble des Hassidim vivant à Montréal, il faut y ajouter les 350 familles Loubavitch et Breslev, ainsi que les 160 familles Tash. Le nombre total d'individus atteignait 7 177.

La dernière étude que m'a communiquée Alex Werzberger a été conduite en 2004 : le nombre de familles était alors de 2 043 (incluant Loubavitch, Breslev et Tash – contre 1186 en 1997), avec un total de 10 816 personnes. Les projections réalisées pour 2010 indiquaient 14 682 personnes. Il est difficile de vérifier si ce chiffre est atteint, mais compte-tenu du taux de natalité qui est constant, les estimations semblent fiables. Et si l'on croise ces estimations avec l'étude réalisée en 2011 par Charles Shahar[66], on peut penser que les projections sont assez fiables. Plus de 7 000 individus vivent à Outremont et dans le Mile End, présentant une concentration exceptionnelle dans un quartier qu'ils ont littéralement fait revivre au cours des ans. En 2002, ils n'étaient que 5 200.

 Je m'arrêterai un instant sur la personnalité d'Alex Werzberger. Ce membre influent du groupe Satmar cumule les responsabilités au sein de la communauté hassidique d'Outremont. Son histoire est un résumé de la présence hassidique dans la cité montréalaise. Né juste après le début de la seconde guerre mondiale dans une petite ville à la frontière de la Roumanie et de la Hongrie, il est arrivé à Montréal avec sa famille il y a 65 ans. Après des études à New York, il revient à Montréal où il se marie. Il est père de dix enfants. Ses huit fils vivent à New York, ses deux filles à Montréal. Cinq de ses petits-enfants vivent à Jérusalem. Alex Werzberger est à la tête d'une entreprise de construction. Il est dans les conseils d'administration de nombreuses institutions, dont l'Hôpital Juif Général. Homme de convictions, il est partout où les conflits menacent les Hassidim : questions de zonage, relations avec le ministère de l'éducation, ou litiges avec des habitants d'Outremont. C'est avec un peu d'amertume qu'il me parle des difficultés récentes, dues selon lui au nombre grandissant de Hassidim – « avant », me dit-il, « on ne nous voyait pas ». Aujourd'hui, la visibilité accrue des Hassidim les expose aux critiques.

---

[66] Charles Shahar, «2011 National Household Survey, The Jewish Community of Montreal», Jewish Federations of Canada, June 2014.

L'accroissement de la population pose le problème de l'habitat. Les Hassidim, comme tout Juif traditionnaliste, doivent vivre à proche distance de leur synagogue : il est interdit de s'éloigner de plus de 2 000 coudées de sa localité le jour du Shabbat[67]. Il y a donc aujourd'hui un manque de logements, ainsi qu'une flambée des prix qui risque de pousser certaines familles à quitter Outremont.

Si cela devait se produire, l'impact serait extrêmement négatif, car ils représentent 25% de la population, et gèrent de nombreux commerces qui sont fréquentés par les autres résidents d'Outremont, assurant ainsi le développement économique du quartier.

---

[67] *Erouvin* 49b.

CHAPITRE 3

VIVRE À OUTREMONT

OUTREMONT ET LE MILE END

« Etre humain, c'est vivre dans un monde rempli de lieux significatifs ; être humain, c'est avoir et connaître sa place », écrit Edward Relph[68]. Par un processus constant, les Hassidim d'Outremont et du Mile End ont donné du sens à ces quartiers, et y ont trouvé leur place.

---

[68] Edward Relph, *Place and Placelessness*, London, Sage Publications, 1976.

LES HASSIDIM DE LA BELLE PROVINCE

Carte du Mile End. http://www.guidehabitation.ca/blogue/mile-end-en-bref/

Je m'intéresserai dans ce chapitre à la façon dont les Hassidim ont mis en place leurs communautés, façonné leur environnement, pour répondre aux exigences de la religion et de leurs traditions. Plus que les Hassidim de Brooklyn, les Hassidim de Montréal ont dû composer avec une réalité complexe : le monde québécois francophone doit lui-même toujours répondre à des questions identitaires qui s'accentuent avec l'implantation de groupes étrangers.

Les limites entre le Mile End et Outremont ne sont pas faciles à dessiner. Communément, on considère que la rue Hutchison est une sorte de frontière entre les deux quartiers. Le Mile End inclut les rues Jeanne Mance et Saint Urbain où résident de nombreux Hassidim. Mais ils circulent indifféremment d'un côté de Hutchison à l'autre – gommant la distinction entre les deux zones. La différence essentielle entre les deux réside dans sa composition socio-ethnique : le Mile End est plus multiculturel et plus populaire qu'Outremont. Dans cet ouvrage, je parlerai des Hassidim de toute cette zone, sans distinction particulière.

Outremont se situe, comme son nom l'indique, de l'autre côté du mont – outre-le-mont. De quel mont s'agit-il ? Du Mont Royal, emblème de la cité de Montréal / Mont Royal. C'est Jacques Cartier qui l'a nommé ainsi, en hommage au roi François 1er. Cette petite montagne, une colline en fait, haute d'à peine 234 m, domine et sépare la ville. Elle est surplombée d'une grande croix lumineuse en métal, qui fut érigée en 1924, en souvenir d'une croix de bois placée là en 1643 pour rendre grâce à la Vierge, par le sieur de Maisonneuve, fondateur de Ville-Marie, ancien nom de Montréal – cette croix est donc le symbole de la qualité particulière de Montréal, fondée sous le signe de la croyance en la Providence divine, et qui marquait avec la conquête de la Nouvelle France, le début d'une aventure coloniale spirituelle et religieuse.

Le village d'Outremont a été constitué en 1875, et demeura distinct jusqu'au 1er janvier 2002, date à laquelle il fusionna avec Montréal. C'est aujourd'hui l'un des 19 arrondissements de Montréal, mais Outremont a gardé ses spécificités et sa qualité de village, ce qui en fait l'un des quartiers les plus prisés, comme en témoignent les prix de l'immobilier, un quartier où vivent journalistes, écrivains, artistes, universitaires… Une population aisée, bourgeoise, francophone.

LES HASSIDIM DE LA BELLE PROVINCE

MONT ROYAL

Le Mont Royal vu d'Outremont

Outremont s'étend sur un peu moins de 4km², et abrite environ 24 000 habitants, dont 25% de Hassidim. Outremont est une Galicie en miniature. L'on retrouve ici toutes les cours qui avaient leurs origines en Europe orientale, dans ces *shtetls* popularisés par les contes d'Isaac Bashevis Singer. Le lien avec l'*alte heime* (la vieille maison, le vieux monde) perdure, un lien fracturé par la catastrophe de la Shoah, mais restauré par la volonté de quelques *rebbes* qui avaient survécu et s'étaient donné la mission de poursuivre la tâche de leurs ancêtres, victoire posthume sur la plus grande catastrophe de l'histoire juive. C'est cette détermination qu'avait exprimée Shlomo Halberstam, *rebbe* de Bobowa et l'un des principaux acteurs de la renaissance hassidique dans le Nouveau Monde :

« Bobov, Cracovie, Kotowitz, Tarnov, Auschwitz, Charznov, Bilitz... Des villes polonaises autrefois si fières, qui pouvaient se vanter d'avoir des communautés juives et des Talmud Torah florissants. Aujourd'hui sur les registres des victimes de l'Holocauste, décimées, dévastées au-delà de toute imagination. Mais le Rebbe Bobov a fait le voeu sacré que ni nous, ni nos enfants, ni les enfants de nos enfants n'oublieront jamais les millions d'hommes, de femmes et d'enfants qui souffrirent et furent massacrés. Dans ce but, nous, fidèles de Bobov, créons un mémorial vivant aux villes et yeshivot qui auraient pu être, qui auraient dû être une partie de notre avenir[69] ».

Ces mots prononcés lors de l'inauguration du mémorial au centre Bobov de New York indiquent la volonté de redonner vie à des communautés décimées : le mémorial n'est pas qu'un monument de pierre inerte, il s'incarne dans de nouvelles *yeshivot*, de nouvelles synagogues, des écoles... C'est sur Shlomo Halberstam et les autres *rebbes* rescapés et leurs fidèles que reposait la responsabilité de maintenir vivante la *yiddishkeit* et surtout de la perpétuer.

C'est une *yiddishkeit* différente de la *yiddishkeit* implantée par les immigrants d'Europe orientale au début du XXe siècle, une *yiddishkeit* indissociable de la religion et des traditions – exclusive de tout sens laïc, car pour les Hassidim il ne peut y avoir de séparation entre vie quotidienne et religion. Pour le *rebbe* Satmar Yoel Teitelbaum, la *yiddishkeit* ne peut s'épanouir s'il y a des compromis, ce qui explique l'intransigeance dans la perpétuation des traditions. Cette forme de *yiddishkeit* est véritablement une *hassidishkeit*. *Hassidishkeit*, *yiddishkeit*, ces deux mots évoquent l'Europe orientale et

---

[69] Publication Bobov, «The miracle of Bobov». Cité par Janet S. Belcove-Shalin, «Home in Exile: Hasidism in the New World», in *New World Hasidim, Ethnographic Studies of Hasidic Jews in America*, SUNY Press.

ses *shtetls*, les Hassidim et leur ferveur mystique, comme l'écrit le rabbin et philosophe Julian Sinclair, qui affirme que le mot *yiddishkeit* est plus « sacré » que le mot « judaïsme », un terme qui « suggère la vitalité foisonnante du *shtetl*, le chant des études talmudiques qui s'échappe des *heder*[70], et la spiritualité extatique des Hassidim[71] ».

Les groupes hassidiques présents à Outremont continuent à se développer. Les plus importants sont les Satmar, les Belz et les Skver. Quelque 25 synagogues ont été fondées pour répondre aux besoins d'une population qui augmente régulièrement. Il y a également 11 écoles.

Seuls 40% des Hassidim sont nés au Canada. La proportion de Hassidim d'origine américaine est très forte. Elle s'explique par une coutume particulière : lors d'une union, le mari va s'établir dans la ville de l'épouse. Or il semblerait qu'une très grande partie des mariages soient arrangés entre jeune filles montréalaises et jeunes hommes de Borough Park ou Williamsburg (Brooklyn). Inversement, les jeunes hommes montréalais épousent des Américaines. Un Hassid m'expliquait que ces unions canado-américaines étaient presqu'une nécessité, étant donné la relative petite taille de la communauté hassidique montréalaise, comparée à la communauté newyorkaise. Mais cette caractéristique est aussi une manifestation de ce *transcommunautarisme*, qui fait que les Hassidim se déplacent constamment entre les lieux principaux du Hassidisme dans le monde. Ce point est important pour comprendre leur détachement par rapport au pays où ils sont nés, et le pays où ils vivent. Il ne peut y avoir d'attachement national, ou d'identité nationale. Les

---

[70] *Heder*: mot hébreu signifiant école.
[71] Rabbi Julian Sinclair, *The Jewish Chronicle* on line, 6 mars 2009. www.thejc.com

Hassidim sont juifs – juifs en exil, attendant le Messie pour repartir en Terre Promise. Canadiens, Américains, Anglais… finalement, tout n'est qu'une question de hasard historique. Ce qui n'empêche aucunement les Hassidim de se comporter en citoyens respectueux et responsables. Mais le manque de lien à la terre d'accueil, de sentiment d'appartenance, suscite parmi leurs concitoyens non juifs des réactions négatives, qui voient dans les Hassidim de perpétuels étrangers, et provoque parfois des tensions. J'y reviendrai dans mon dernier chapitre.

INTROVERSIONNISME, INSULARISATION, CONSOLIDATION

L'installation à Outremont ne relève pas d'une entreprise passéiste, d'une tentative de recréer le *shtetl* de Pologne ou Hongrie même si, de fait, Outremont constitue un univers émotionnel relié à l'histoire hassidique. L'ancrage dans la tradition ne signifie pas que les Hassidim sont prisonniers dans la bulle du passé. Le passé reste la référence pour le présent – et l'avenir – mais ils sont investis dans le monde d'aujourd'hui. Outremont n'est pas un ghetto, ce « gigantesque mécanisme de défense » décrit par Louis Wirth[72]. Les Hassidim ne sont pas coupés du reste de la communauté juive de Montréal – même si les interactions sont réduites. Et le quartier abrite d'autres populations.

---

[72] Louis Wirth, *Le Ghetto,* 1ᵉ édition, 1928, Presses Universitaires de Grenoble, 1980.

LES HASSIDIM DE LA BELLE PROVINCE

Les Hassidim ont créé une aire culturelle et religieuse, en cohérence avec l'être juif. Ce n'est pas une entreprise nostalgique, c'est bien une entreprise religieuse. Outremont incarne l'expression d'un foyer bâti sur les préceptes de la Torah, et son univers est le miroir de la foi.

Le mode d'existence de ces communautés est lié à leur vision du monde, un monde qu'elles refusent mais ne veulent pas réformer, et dont elles veulent se protéger. Elles offrent au monde une réponse, jusqu'à un certain degré, *introversionniste*. Cette caractérisation a été établie par le sociologue des religions, Bryan Wilson : être *introversionniste* signifie être convaincu du caractère sacré du groupe et réduire les interactions aux relations à l'intérieur du groupe[73]. » Selon B. Wilson, l'une des caractéristiques des groupes religieux traditionnalistes est la conviction que pour résister à un monde corrompu, il faut s'en extraire, se replier sur soi, donc être en état d'*introversion*. Les Amish de Pennsylvanie, par exemple, vivent dans des milieux ruraux, à distance du monde urbain moderne, continuent à parler allemand, et rejettent toute innovation technologique. Les Hassidim n'ont pas adopté cette attitude extrême, notamment parce qu'ils vivent en milieu citadin et ne peuvent s'extraire de la société environnante – à moins de créer une ville séparée comme le fit le *rebbe* de Tash à Boisbriand.

Les Hassidim sont confrontés à un double défi : préserver leur identité et évoluer pour survivre, dans un environnement urbain où l'existence de grandes libertés peut présenter le danger de l'attractivité et détourner les individus de la voie « juste », d'où une certaine dose

---

[73]Bryan Wilson, *Religious Sects* (NY, 1970). Cité par Stephen Sharot, « Hasidism in Modern Society », in *Essential Papers on Hasidism, Origins to Present*, edited by Gershon David Hundert, New York, New York University Press, 1991, p.513.

d'*introversionnisme*, nécessaire à leur perpétuation. Ils exercent cet *introversionnisme* envers les non-Juifs, mais également envers les Juifs qui ne sont pas des Hassidim. L'équilibre est parfois difficile à trouver, et la situation des Hassidim à Montréal montre le succès de leur stratégie, car ils représentent une entité qui n'est ni totalement isolée, ni statique.

Introversionnisme, mais également *insularisation* et *consolidation*. Toutes les familles sont réunies dans un même voisinage. Comme l'explique le sociologue Robert Kammen, ils ont adopté une philosophie de consolidation : ils ne quittent pas leur quartier afin de minimiser tout contact avec le monde séculier. Ils renforcent tout ce qui est propre à leur communauté et s'isolent des éléments étrangers. Cette stratégie d'*insularisation*, pour reprendre les termes de l'anthropologue Jerome Mintz[74], est une constante dans les communautés hassidiques, qui sont ainsi convaincues qu'elles peuvent se maintenir et durer à l'abri des menaces culturelles et sociales extérieures. Elles bâtissent autour d'elles des frontières sociales invisibles qui les protègent d'influences externes potentiellement néfastes et leur permettent de préserver leur identité.

Selon les sociologues Loomis et Beagle, « le maintien des frontières est le processus grâce auquel le système préserve son identité et son modèle d'interaction ; à savoir, il préserve son équilibre qui inclut à la fois l'intégration et la solidité »[75]. Cette analyse appliquée aux Hassidim souligne le fait que si un groupe souhaite perpétuer ses traditions telles qu'elles étaient à l'origine, il

---

[74] *Insulation*. Jerome Mintz, 1968.
[75] Loomis and Beagle, *Rural Sociology: The Strategies of Change*. Cité par William Shaffir, «Boundaries and Self-preservation among the Hasidim» in *New World Hasidim: Ethnographic Studies of Hasidic Jews in America*, ed. Janet S. Belcove-Shalin, Albany, State University of New York Press, 1955.

n'a pas le choix. Les Hassidim doivent rester séparés. Les frontières érigées entre eux et « les autres », qu'ils soient juifs ou non, permet la perpétuation de leur *yiddishkeit* – ou plutôt *hassidishkeit* – avec la conviction qu'ils sont dans la vérité : leur foi est basée sur une interprétation littérale de la Torah, et ils accomplissent le message de Dieu sans le dénaturer. La confrontation avec l'extérieur vient renforcer leur assurance qu'ils sont « les piliers de la foi ».

Dans ce processus central de consolidation, le *rebbe* est le pivot de sa communauté. Il est le leader spirituel qui coordonne la vie de son groupe. L'une des pratiques du *rebbe* est le *tish* – littéralement, la table. Le Shabbat, parfois, ou les jours de fêtes, le repas du *rebbe* devient un événement communautaire : il reçoit une grande quantité de nourriture, et ce qu'il ne mange pas sera partagé par ses fidèles, car ces aliments sont considérés comme bénis. Le repas sera l'occasion d'un sermon particulier et de bénédictions individuelles dispensées aux hommes présents.

Autorité morale, éducative, religieuse, le *rebbe* est le recours ultime dans toutes les situations qui posent problème. Le premier réflexe d'un Hassid sera de consulter son *rebbe* s'il est confronté à un dilemme – pour aussi trivial qu'il paraisse. C'est donc lui qui sera essentiel dans le maintien de cette frontière entre la communauté et le monde extérieur. Le groupe exerce un contrôle continu, qui empêche une dilution des valeurs hassidiques. Car les Hassidim refusent l'assimilation – même s'ils apprécient la qualité de la société d'accueil qui leur a permis, justement, de survivre comme Juifs hassidiques.

Rebbe Meshulem Feish Lowy, rebbe de Tash.
www.vozisneias.com

La perméabilité à la société séculière crée cependant une tension permanente entre la tradition et la modernité, au profit de la tradition, qu'ils parviennent à préserver à force de tactiques variées, parfois fort astucieuses[76]. Ce sont cette conviction et cette détermination, qui peuvent expliquer l'attrait qu'ils exercent sur des populations en quête de valeurs.

« *La tradition, c'est l*'identité », déclare une jeune fille hassidique dans le documentaire de Jack Neidik, *Shekinah* : *The intimate life of Hasidic Women*[77]. Le respect des traditions maintient une continuité qui permet la survie de la judaïcité. La mémoire sera le pivot de cette vie juive : « l'oubli conduit à l'exil, alors que le souvenir est le secret de la rédemption », écrivait le Baal Shem Tov. *Zakhor* (souviens-toi !), l'injonction biblique du

---

[76] Voir page suivante.
[77] Voir chapitre 4.

souvenir s'incarne dans chaque action, chaque jour, et donne un sens au présent comme à l'avenir.

UNE GÉOGRAPHIE URBAINE EMPREINTE DE SACRÉ

Les Hassidim ont une relation particulière à l'espace. Le paysage urbain porte l'empreinte de leur identité, ils recréent des lieux traditionnels – *shuln*, *yeshivot*, *mikveh* – qui seront des marqueurs spatiaux de leur être juif, des *géosymboles*, pour reprendre cette notion développée par Joël Bonnemaison. Un *géosymbole*, c'est « un marqueur spatial, un signe dans l'espace, qui reflète et forge une identité [78] ». Reflète et forge : processus continu de création et d'ancrage. Outremont devient l'incarnation d'un foyer bâti sur les préceptes de la Torah, et son univers est le miroir de la foi.

Il y a plusieurs *shuln*, parfois de simples *shtiebls*, qui sont juste signalées par des plaques en hébreu. Les pratiques sont très proches et permettent à tout Hassid de prier dans une *shul* qui n'est pas forcément attachée à son groupe.

La *shul* des Belz a été établie dans un appartement et rien n'indique que c'est un établissement religieux. Sur cette photo apparaît l'entrée de la *shul*. Les femmes vont prier à l'étage, et entrent par une petite porte sur le côté.

---

[78] Joël Bonnemaison, *La géographie culturelle*, Paris, Éditions du CTHS, 2000.

Shul Belz. Photo de l'auteur

La modestie extérieure des *shuln* correspond à la volonté spirituelle des Hassidim, qui préféraient la rigueur religieuse à l'ostentation architecturale. Le *rebbe* Teitelbaum avait affirmé à ses fidèles, « nous ferons l'inverse de ce qu'ont fait les Juifs américains : nous aurons de petites synagogues et de grandes écoles afin que les enfants apprennent la Torah [79] ».

---

[79] «A Life Apart: Hasidism in America». Documentaire de Menachem Daum et Oren Rudavsky (1997).

Shul Bobov. Photo de l'auteur

Le *mikveh* est une institution centrale dans la vie des Hassidim. La coutume du bain rituel était tombée en désuétude en diaspora, mais était demeurée une règle fondamentale dans les milieux orthodoxes. Pour les Hassidim, mais aussi tous les Juifs traditionnalistes, le *mikveh* est la clé de voûte de la communauté. « C'est l'une des trois choses que je suis venu rectifier dans le monde… les *eruvim*[80], la *chehita*[81], le *mikveh* », déclara le Baal Shem Tov[82].

---

[80] Voir chapitre 6.
[81] Abattage rituel.
[82] A. Wertheim, *Law and Custom in Hasidism,* Hoboken, New Jersey, Kvav Publishing House, 1992, p. 219.

Mikveh rue Saint Urbain, Montréal. Spacing.ca

Le mot *mikveh* se traduit par « eau vive », à savoir eau de mer, rivière, source ou eau de pluie qui est tombée naturellement dans un endroit et ne s'écoule pas, et que l'on va collecter[83]. Le *mikveh* est source de pureté. Les sources naturelles, lacs, océans, ont par essence des pouvoirs purificateurs, mais peuvent être dangereux ou inaccessibles, d'où la nécessité de recréer cette pureté via le *mikveh*. Il y a également dans tout *mikveh* un réservoir utilisé pour la vaisselle : quand une famille achète une nouvelle vaisselle, elle sera plongée dans ce réservoir et deviendra *casher*[84].

---

[83] Rabbi Schneur Zalman Lesches, *Understanding Mikvah: an Overview of Mikvah Construction,* Kollel Menachem, Montréal, 2001, p. 37.

[84] *Casher* : qui convient à l'utilisation ou à la consommation selon les lois cérémonielles ou alimentaires.

Selon les préceptes de la *Halakha* (la loi juive), le bassin du *mikveh* sera rempli d'eau de pluie – ou d'une eau d'origine naturelle. Cette eau ira remplir un second bassin attenant, le bassin d'immersion. Avant de s'immerger, la personne doit se laver : le bain rituel n'est pas institué pour se laver, mais pour se purifier. Sa fonction est spirituelle. L'immersion complète dans l'eau du *mikveh* symbolise une renaissance, le retour à l'unité originelle avec Dieu. C'est ce qu'indique la brochure éditée par *Mikveh Israel*, le *Mikveh* de l'ensemble de la communauté juive de Montréal, situé Côte St Luc :

> « Mikvah, c'est un acte symbolique de foi, en faisant abstraction de soi dans l'eau, pour en émerger dans une pureté spirituelle. Cela exige non seulement l'immersion du corps, mais aussi de l'intellect par une reconnaissance de la loi divine qui dépasse notre entendement. »

Le district Outremont/Mile End possède quatre *mikveh*. Les Hassidim Bobov et Satmar ont leur propre *mikveh*. Le *rebbe* Satmar Yoel Teitelbaum avait insisté tout au long de sa vie sur l'importance d'avoir un *mikveh* réellement *casher* dans tous les endroits où résidaient ses fidèles, et avait même supervisé la construction de certains d'entre eux. Les Satmar sont particulièrement rigoureux dans leur observance et ne prendront pas le risque de ne pas suivre à la lettre la *Halakha*.

Beaucoup d'hommes utilisent le *mikveh* avant le Shabbat ou les jours de fêtes, certains y vont même chaque jour avant la prière du matin (*shahris*). Ils ont donc leur propre *mikveh*, généralement situé dans le sous-sol de la *shul*.

Pour les femmes, l'immersion dans le *mikveh* fait partie du processus de *Taharat HaMichpaha* (la Pureté Familiale). Les époux ne peuvent avoir de rapports conjugaux jusqu'à sept jours après la fin des menstruations, et uniquement après que la femme se soit immergée dans le *mikveh*. Cette immersion est une *mitsva*[85], un rituel de purification essentiel dans la vie des femmes.

L'IDENTITÉ HASSIDIQUE

Les Hassidim ne contestent jamais les règles qui leur sont transmises par leur *rebbe*. Par exemple, les Satmar ont établi un code de conduite, décrétant que « le *rebbe* est la seule autorité pour toutes les questions spirituelles. Ses décisions engagent tous les membres [86] ». L'obéissance est l'une des clés du fonctionnement des communautés. La cohésion ne peut être préservée que si chacun raisonne en tant que membre du groupe, et non comme un individu. Le *rebbe* maintient cette cohésion par la rigueur des règles de conduite, qui s'appliquent à chaque aspect de la vie.

Vêtements traditionnels

Les coutumes vestimentaires sont l'un des marqueurs de l'identité hassidique. « Les pratiques du pays d'Egypte, où vous avez demeuré, ne les imitez pas,

---

[85] *Mitsva* : prescription, commandement. La Torah contient 613 *mitsvot* (pluriel de *mitsva*), dont 365 sont des interdits, et 248 des obligations.
[86] Israel Rubin, *Satmar: An Island in the City*, Chicago, Quadrangle Books, 1972.

les pratiques du pays de Canaan où je vous conduis, ne les imitez pas et ne vous conformez point à leurs lois » (Vayikra 18 :3). Ce commandement extrait du Lévitique sert de règle aux Hassidim, qui considèrent qu'il faut impérativement éviter de s'habiller comme les non Juifs, et de leur ressembler physiquement. C'est ici l'illustration du phénomène d'insularisation expliqué précédemment. Ils vont donc porter la barbe et ne couperont pas les mèches des côtés, comme l'enjoint la Torah[87] : les *peyes* (papillotes) sont le signe distinctif des plus orthodoxes d'entre eux. Seuls les Loubavitch ne les portent pas. L'histoire raconte que Yoel Teitelbaum, le *rebbe* Satmar, avait refusé sa bénédiction à un jeune Américain parce qu'il avait les cheveux trop longs et ressemblait trop à un *goy* (non juif).

Les vêtements choisis sont hérités de la Pologne du XVIIIe siècle. Le style ne varie plus depuis des générations de Hassidim. L'habit peut aider à distinguer les différents groupes. Tous portent de longs manteaux mais la longueur diffère. Même si chacun obéit aux règles de *tsnius* (modestie), des variantes permettent de voir le degré d'orthodoxie. Ainsi, plus le vêtement sera long, plus la personne pourra être considérée comme *hasidishe*. Car comme l'explique un Bobov, l'habit est « une arme personnelle contre le péché et la tentation ». Un autre hassid explique, « avec mon apparence, je ne peux aller au théâtre ou au cinéma, ou dans quelque autre lieu où un Juif religieux n'est pas supposé aller. De cette manière, ma barbe et mes *peyes* (papillotes) et mes habits hassidiques

---

[87] « Vous ne couperez point en rond les coins de votre chevelure », Lévitique 19 :27.

servent comme un bouclier contre le péché et l'obscénité[88] ».

Souccot à Outremont. Photo de l'auteur

Mais c'est essentiellement « une façon d'être digne et respectueuse », déclare une jeune femme hassidique. La modestie, la pudeur, seront opposées à l'ostentation et à la frivolité vestimentaires. Le Shabbath et les jours de fêtes, ce manteau – *bekesher* – est en soie – toujours noir, parfois brodé.

Pourquoi porter du noir ? Parce que « porter du noir indique l'indifférence par rapport à la couleur et aux

---

[88] Cité par Solomon Poll, *The Hasidic Community of Williamsburg*, Schocken Editions, 1971.

diktats de la mode », répondent les Loubavitch[89]. Cela permet à chaque individu de conserver les vraies priorités.

Souccot à Outremont. Photo de l'auteur

Ironie de la société moderne : un grand couturier italien, Fabio Inghirami, a, dans les années 1990, créé une collection pour hommes dans le style hassidique. Car, déclara-t-il, il aimait « le panache du Hassid », « la simplicité ascétique » et « l'élégance et la pureté » des vêtements des Hassidim. Confluence involontaire des deux mondes, récupération par la mode d'une affirmation identitaire, le phénomène reste révélateur de la fascination que les Hassidim exercent, *malgré eux*, sur la société extérieure.

Les Hassidim portent une large ceinture, *gartel* (mot yiddish pour ceinture), qui sépare les deux parties du corps, partie supérieure et partie inférieure : elle symbolise le contrôle que doit exercer l'esprit sur les instincts ; ils la

---

[89] Chabad.org

portent généralement pendant l'étude et la prière, mais parfois en tout temps : c'est le cas pour les Satmar, les Belz et les Skver.

Les Hassidim gardent la tête couverte en toutes circonstances. C'est une manière de préserver la conscience de la présence divine au-dessus de l'homme. Les chapeaux différents sont à relier aux coutumes des villages d'origine dans le *alte heyme* (la vieille maison), le Vieux Monde : par exemple, les jeunes garçons Belz de moins de 13 ans porteront la *kashket* que portaient les étudiants à Cracovie.

Yeshiva Belz. Outremont. Photo de l'auteur

Yiden mit shich und zoken : les Satmar qui portent leur pantalon rentré dans des chaussettes blanches et des chaussures basses suivent une coutume de Hongrie.

LES HASSIDIM DE LA BELLE PROVINCE

Souccot à Outremont. Photo de l'auteur

Les chapeaux peuvent être *platshe* (plats) – portés par les Satmar, ou *hoïcher* (hauts).

Le *shtreimel*, que les Hassidim portent le Shabbat et les jours de fêtes, est un signe supplémentaire de dévotion **et** de différence. Le porter relève plus d'une affirmation identitaire que d'une nécessité religieuse (il suffit d'avoir la tête couverte). Lors d'un *tish*, le *rebbe* Teitelbaum déclarait à ses Hassidim, « A Satmar, en Europe, il n'était pas nécessaire pour tout le monde de porter le *shtreimel*. Même sans, on pouvait être un *ehrlicher Yid* (un Juif honnête). Là-bas, un *shtreimel* n'était rien de plus qu'un symbole d'honorabilité et de *chassidus*. Mais ici, en Amérique, le *shtreimel* n'est pas juste pour l'honorabilité. Nous en avons besoin pour empêcher l'assimilation aux Gentils, le ciel nous en préserve. Si nos parents n'avaient pas porté le *shtreimel*, nous aurions dû inventer un nouveau type d'habit pour nous distinguer des Juifs américains [90] ». Car rien n'est plus dangereux aux yeux des Hassidim que les Juifs « modernes », qui ont oublié leurs racines et cédé aux sirènes de l'assimilation.

Souccot à Outremont. Photo de l'auteur

Les shtreimels sont fabriqués à Montréal, avenue Van Horne : l'entreprise Klaus Schtreimel a été fondée en 1950, et exporte même aux Etats-Unis. Le chapeau se

---

[90] Rabbi Dovid Meisels, *op. cit.*, p.343.

compose d'une base noire sur laquelle sont apposées 13 queues de martre superposées en couronne.

Cette photo, publiée sur le site *Outremonthassid*, montre le plus ancien artisan au service de la compagnie, Van Tue. Paradoxe de la situation, qui voit un Canadien d'origine chinoise, non juif, œuvrer pour la communauté ultra-orthodoxe depuis plus de trente ans …

Crédit : Radio-Canada / Sarah Champagne

Comme le précise le propriétaire de l'entreprise, autrefois seuls les rabbins portaient les shtreimels. Aujourd'hui chacun le porte pour les jours les plus solennels. Par contre, l'usage en est réservé aux plus traditionnalistes. Par exemple, les Loubavitch ne le portent pas et privilégieront les fedora – chapeaux en feutre– pour toutes les circonstances. Dans l'usage quotidien, la plupart porteront le *samet*, chapeau en velours.

Tradition vs modernité

« Le Shabbat s'élève au-dessus du flot des événements. C'est un temple fait de temps plutôt que de marbre[91] ».

Le pivot de la semaine est le Shabbat. Respecter le Shabbat constitue le quatrième commandement qui s'impose aux Juifs. Ce commandement est répété douze fois dans la Torah. C'est une journée empreinte de sacré, une pause dans la semaine durant laquelle chacun vivra sa foi avec plus de ferveur. « Le Shabbat », écrit Abraham Heschel, « c'est la présence de l'éternité, c'est un moment de majesté, une radiation de joie. Le Shabbat, c'est le sacré dans le temps [92] ».

La *Mishnah*[93] détermine les lois rabbiniques qui régissent la vie juive depuis le IIe siècle. Le traité consacré au Shabbat définit 39 *melakhot* (activités) qui ne sont pas permises. Ainsi l'interdiction de « hoza'ah », c'est-à-dire transporter quelque chose d'un domaine à un autre le jour du Shabbat (*Mishna*, Shabbat 7 :2), – difficulté contournée par la création de l'*erouv*[94] – ou actionner un appareil électrique.

Pour conjuguer obligations religieuses et technologie moderne, des astuces ont été trouvées. Par exemple, afin de ne pas désacraliser le Shabbat mais continuer à bénéficier de l'électricité, des interrupteurs automatiques, programmables, ont été inventés. Les

---

[91] Vilem Flusser, « Celebrating », in *Writings,* Andreas Strohl ed., University of Minnesota Press, 2002.
[92] Abraham Heschel, *Dieu en quête de l'homme*, Le Seuil, 1955.
[93] *Mishna* : compilation écrite des traditions juives, rédigée par Rabbi Judah ha-Nasi au début du IIIe siècle de l'ère commune.
[94] Voir chapitre 6.

minuteurs sont appelés « shabbos zeiger » (horloges du Shabbat). Ils permettent d'avoir les lampes éclairées aux moments désirés et de maintenir le fonctionnement des appareils électriques nécessaires, comme les réchauds, le chauffage ou l'air conditionné, sans les activer pendant la pause du Shabbat. Toute transgression est ainsi évitée.

Il existe également depuis environ quarante ans les « ascenseurs du Shabbat » dans les hôtels, résidences, ou hôpitaux, programmés pour s'arrêter à tous les étages, afin que les Juifs très observants n'aient pas à appuyer sur le bouton – geste proscrit, car les obligations religieuses interdisent d'allumer un feu ou de produire une étincelle. Il existe aussi des ascenseurs express, programmés à l'avance, qui s'arrêteront directement aux étages nécessaires.

Dominic Pettman, «Working Around God: Technology, the Pace of Life, and the Shabbos Elevator. Theology and technology in New York City's elevators», The Atlantic, 14 juin 2014

Mais certaines autorités religieuses rejettent cet accommodement, qui constitue pour eux une violation du Shabbat. Pour la première fois, en 2009, un chef religieux en Israël, connu pour son attachement à la rigueur de l'observation des lois, Rabbi Yosef Shalom Elyashiv, émit une injonction rabbinique interdisant l'usage des ascenseurs du Shabbat : « il est apparu clairement que l'utilisation de ces ascenseurs, que ce soit pour monter ou descendre, implique une activation directe et constitue un travail selon la Torah. On ne peut avoir confiance en aucune institution qui déclare ces choses *casher* [95] ». L'institution à laquelle il est fait allusion est l'*Institut Zomet pour la halakha et la technologie*, un institut qui existe depuis plus de trente ans, avec la mission de régler les questions liées au respect des lois religieuses. 25 rabbins, ingénieurs et chercheurs étudient les problèmes que peuvent rencontrer aujourd'hui des entreprises par rapport au respect de la *Halakha*, et inventent des procédés qui peuvent régler ces questions : détecteurs de métaux, machines à café, ascenseurs, et même fauteuils roulants électriques. Le directeur de *Zomet*, le rabbin Yisrael Rosen, a rejeté vigoureusement la décision du rabbin Elyashiv. Mais en Israël, l'influence de ce dernier est très forte, et de nombreux *haredim* ont suivi ces consignes.

A Outremont, la question ne se pose pas vraiment, car l'habitat est constitué de petites maisons de deux étages maximum, sans ascenseurs. Par contre, le Jewish General Hospital possède des ascenseurs du Shabbat, donc dans des situations particulières, les Hassidim montréalais doivent eux aussi trancher.

---

[95] Dominic Pettman, «Working Around God: Technology, the Pace of Life, and the Shabbos Elevator. Theology and technology in New York City's elevators», *The Atlantic*, 14 juin 2014.

Cette affiche publicitaire représente un véhicule électrique pour personnes handicapées, véhicule qui comporte des manettes spécialement programmées pour le Shabbat. Zomet a apposé sa certification.

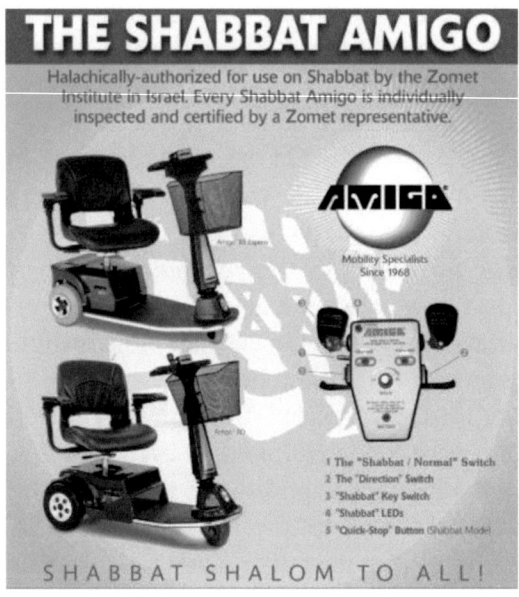

Véhicule électrique pour handicapés avec équipement spécialement conçu pour le Shabbat. Photo The Atlantic

Mais quelles que soient les astuces et subterfuges pour faciliter la vie quotidienne, le Shabbat demeure cette pause dans le temps, cet « être-au-monde » qui fait la spécificité du monde juif, et établit avec force son identité distincte.

Le yiddish

La langue de communication des Hassidim – à l'exception des Loubavitch – est le yiddish. Grâce aux Hassidim, cette langue qui fut celle de millions de Juifs en Europe avant la Shoah, reste vivante. Lors des grands mouvements migratoires de la fin du XIXe siècle et du début du XXe siècle, les Juifs qui avaient fui les pogroms de Russie étaient yiddishophones. Le Lower East Side à New York ou la Main à Montréal résonnaient de cette langue juive, qui s'était perpétuée pendant un millénaire. Mais avec le temps, les Juifs se sont acculturés et sont devenus anglophones. Alors que pendant une cinquantaine d'années la culture yiddish avait été florissante, et était un véritable phénomène dans le Nouveau Monde, tout cela disparut – jusqu'à ce que les Hassidim s'installent à leur tour. Ils ont redonné vie à la langue – même s'il n'y a pas de rayonnement culturel. Car les Hassidim ne se sentent pas concernés par tout ce qui est profane. Ils parlent yiddish parce que c'était la langue de leurs ancêtres – et l'hébreu, langue sacrée – *loshen kodesh* – ne peut être utilisé au quotidien et reste réservé à la prière. Le yiddish est aussi, pour certains, « la revanche du berceau » : les nombreux enfants nés dans les familles hassidiques assurent la pérennité de la langue, et celle du peuple juif – Hitler a échoué dans son entreprise d'anéantissement.

Quant à l'hébreu moderne, c'est pour certains d'entre eux une véritable hérésie : l'Etat d'Israël, création sioniste politique, ne suit pas les principes de la Torah, et ignore le fondement du retour à Sion, à savoir l'avènement du Messie, signe de la rédemption divine. Si la plupart reconnaissent l'Etat d'Israël, les Satmar rejettent l'entité sioniste, y compris les Satmar qui vivent à Jérusalem, au point de refuser de voter ou d'utiliser les services légaux de l'Etat.

Par obligation ils apprennent l'anglais, car ils ne peuvent totalement ignorer les nécessités de la vie en diaspora – l'anglais n'est la langue maternelle que de 27% d'entre eux – mais c'est le yiddish qui est *leur* langue, une constituante de leur identité. C'est là un autre aspect de l'insularisation des groupes.

Par syncrétisme, ils ont incorporé des termes anglais, donnant naissance à un yiddish qualifié de *yiddish hassidique*, propre à leurs communautés – ce qui est dans la droite ligne de l'évolution du yiddish, qui a toujours emprunté aux langues nationales, en les absorbant et les modifiant. Ce *yiddish hassidique* est une nouvelle preuve de l'interaction entre le monde profane et le monde religieux des Hassidim, qui accentuent de cette sorte la spécificité de leur appartenance à une communauté choisie, proche de Dieu.

Dans les écoles, l'enseignement se fait en yiddish. Certains cours doivent être dispensés en anglais, ou en français, comme le stipule la loi du Québec. Mais rares sont les Hassidim qui ont la maîtrise du français. Ils communiqueront avec les non Hassidim en anglais – point de discorde avec les résidents d'Outremont, district majoritairement francophone.

Même s'ils n'en mesurent pas l'importance, le fait d'avoir gardé le yiddish comme langue vernaculaire permet la perpétuation d'une langue qui aurait disparu comme bien d'autres idiomes. A ce titre, le rôle des Hassidim dans le maintien d'une certaine *yiddishkeit* est signifiant.

L'essentiel de la presse yiddish est publié aux Etats-Unis, mais Montréal dispose depuis quatre ans de son propre journal, *Der Moment*, un magazine publié toutes les deux semaines en anglais et yiddish et offert gratuitement aux familles. *Der Moment* répond totalement aux préoccupations des Hassidim aujourd'hui : il ne s'agit plus de se couper du monde, mais bien au contraire d'en faire partie, et donc d'être informés. Evidemment, les informations sont « filtrées », car les adolescents le lisent, et il faut toujours les protéger d'un environnement potentiellement corrupteur. Mais sur les 44 pages de textes (moitié en yiddish, moitié en anglais), la plus grande partie est consacrée aux nouvelles locales (i-e Outremont), montréalaises et canadiennes. La partie religieuse ou philosophique est proportionnellement peu importante. Jusqu'à la publication de *Der Moment*, les Hassidim montréalais dépendaient des journaux publiés aux Etats-Unis, notamment *Hamodia* (que l'on trouve dans les commerces d'Outremont), ou *Der Yid* (publication Satmar, 25 000 ventes par an, première publication yiddish dans le monde). Les femmes ont droit elles aussi à leurs magazines : *Mishpacha* - « la famille » - (publié à Brooklyn depuis 2004), *Maalos* (« les pas »), ainsi que des suppléments dans des journaux essentiellement lus par les hommes. Chaim Weinberger, le rédacteur en chef de l'un de ces suppléments (du journal *Tzeitshrift*) a indiqué que son but était de « fournir aux femmes *heimishe* (ultra-orthodoxes) des articles intéressants, éducatifs, et souvent instructifs sur le plan moral [96] ».

Ne possédant ni télévision ni radio, les Hassidim d'Outremont ne disposaient pas d'informations sur leur ville et leur pays. *Der Moment* est venu combler ce manque. Et c'est ce point qu'il faut souligner : ils souhaitent rester en contact avec le monde non juif,

---

[96] Zackary Sholem Berger, «In the Fold, Flipping through the world of ultra-Orthodox women's magazines», *Tablet Magazine*, 28 janvier 2009.

contrairement à l'image qui est généralement véhiculée d'isolationnisme forcené.

Cashrout

L'une des obligations pour les Juifs religieux est de manger *casher*. L'ensemble des règles alimentaires est codifié dans ce que l'on appelle *cashrout*.

Comme l'explique Jacques Gutwirth, « que ce soit entre elles ou par rapport à la judaïcité, les communautés hassidiques ne sont pas des entités isolées et on ne peut parler de 'sectes'. La référence commune au judaïsme est suffisamment convergente pour que des collaborations institutionnelles existent et le rôle même des Hassidim dans la *cashrout* confirme l'importance de ces convergences[97] ».

Ce dernier point mentionné par J.Gutwirth est intéressant : la culture alimentaire est en effet un marqueur important de la communauté hassidique. Ils démontrent une certaine autonomie : le quartier comporte de nombreuses boucheries et boulangeries, mais pour ce qui est de la *cashrout*, ils ne s'excluent pas du reste de la communauté juive montréalaise pour établir leurs propres circuits. Les différentes congrégations juives sont membres du Vaad Haïr, Conseil de la Communauté Juive de Montréal, créé en 1922, et chaque groupe hassidique y a un délégué permanent. L'une des fonctions de ce conseil est de superviser et contrôler l'alimentation *casher*. Les

---

[97] Jacques Gutwirth, « Hassidim et judaïcité à Montréal », *Recherches sociographiques*, vol. 14, n° 3, 1973, p. 321. http://id.erudit.org

produits portent le sigle MK – Montréal Kasher, Certificateur Casher du Canada, organisme qui travaille en étroite collaboration avec les agences de contrôle au Canada et aux Etats-Unis, comme la USDA (United States Drug Agency). On le retrouve sur la plupart des produits laitiers et d'épicerie disponibles dans le commerce – fait à ce point anodin qu'il reste ignoré de la majorité des consommateurs. Le deuxième grand organisme certificateur canadien est basé à Toronto : Kashrut Council of Canada, et le logo COR apparaît sur des milliers de produits présents sur le marché montréalais. Même la viande *casher* est consommée en dehors de la communauté juive, par des consommateurs soucieux de qualité, et convaincus par le sérieux des contrôles effectués par les responsables de la *cashrout*. Ce phénomène dépasse largement le Québec.

Sait-on que le marché mondial des produits *casher* s'adresse à plus de 25 millions de personnes ? Si l'on rapporte ce chiffre au nombre de Juifs dans le monde, cela signifie que seuls 44% des consommateurs sont juifs. L'Amérique du Nord compte 14 millions de consommateurs[98] – pour une population juive d'environ 7 millions dont beaucoup ne mangent pas *casher* – donc une grande proportion de personnes motivées par des raisons diététiques, de souci de qualité, et non religieuses. *Forbes Magazine* décrivait ce phénomène qui semble prendre de l'ampleur, tant les consommateurs sont en recherche de qualité et surtout de sécurité alimentaire : « Un grand nombre de gens se méfient du gouvernement et de l'industrie alimentaire pour ce qui est du contrôle qualitatif de la nourriture. La certification *casher* est une garantie supplémentaire qui certifie que l'aliment est bien ce qu'il

---

[98] www.mk.ca

est supposé être [99] ». Le marché aux Etats-Unis représente $12,5 milliards et connaît une croissance de 64% depuis 2003. Les plus grandes marques alimentaires portent le label *casher* : Heinz, Nestlé, Kraft, Lipton.

Le Canada semble connaître le même engouement pour les produits *casher* : les ventes ont augmenté de 19.7% en un an, entre 2000 et 2001, selon une étude publiée par les USDA Foreign Agriculture Services, passant de $480 millions à $575 millions. En 2014, ce chiffre atteignait $1 milliard et connaît actuellement une croissance annuelle de 15%[100]. Seulement 45% des consommateurs sont juifs. Des centaines d'entreprises ont reçu la certification MK, et les plus grandes compagnies ont elles aussi le label : Coca Cola, Danone ou Bonduelle pour ne citer que les plus connues internationalement.

A cet égard, nous pouvons constater les différences avec l'Europe : la consommation des produits *halal* augmente plus rapidement que celle des produits *casher*, compte-tenu de l'augmentation de la population musulmane. Mais les consommateurs musulmans achètent parfois des produits *casher* – ce que ne peuvent faire les Juifs, car les règles de *cashrout*, plus précises, contraignantes, ne correspondent pas au *halal*. En France, pays où réside la communauté juive la plus importante, seuls 5% des consommateurs achètent des produits *casher*. En Europe, la question porte essentiellement sur la viande *casher*, et l'abattage rituel (*shehita*). La Norvège, la Suède, l'Islande et la Suisse interdisent la *shehita* qui, selon eux, induisent une souffrance inacceptable pour les animaux, car il n'y a pas d'étourdissement préalable à l'abattage. En France, une polémique oppose depuis

---

[99] « Is Kosher The Next Big Food Trend? », *Forbes Magazine*, 12 février 2013.
[100] www.mk.ca

quelques années les autorités rabbiniques françaises et certains défenseurs des droits des animaux qui cherchent à faire interdire les abattages casher et halal, en ne faisant aucune distinction entre les deux. Or l'un des experts de la *shehita*, le Grand Rabbin de Metz, Bruno Fiszon, lui-même un vétérinaire, a produit un rapport qui démontre que la souffrance animale est réduite à son minimum et que la méthode adoptée est supérieure aux abattoirs traditionnels, suivant ainsi les règles bibliques. L'abattage *casher* est extrêmement contrôlé et confié à des *shohet* formés, expérimentés. La viande ainsi obtenue est particulièrement sûre et vierge de toxines. Aux Etats-Unis, la *shehita* est protégée par le Humane Slaughter Act (1958) qui exclut de ses restrictions l'abattage rituel *casher*. L'environnement général est donc plus propice en Amérique du Nord au maintien des règles religieuses qui permettent la vie et la perpétuation des communautés traditionnelles. Et le partage de coutumes alimentaires jette un pont entre les sociétés juive – qu'elle soit simplement orthodoxe ou hassidique – et non juive.

Education, enculturation

Il est important, dans ce système, d'assurer la perpétuation des traditions auprès des enfants, et le processus commence très tôt. Il faut démontrer, jour après jour, à l'école et à la maison, que la vraie vie juive est celle qu'ils expérimentent, et qu'elle est supérieure au monde profane qui les entoure. Avec l'éducation, nous sommes au cœur du processus d'*enculturation*, qui permet la transmission des traditions et des coutumes, y compris dans un environnement totalement différent. Le terme fut inventé en 1948 par l'anthropologue J.M. Herskovits[101], puis redéfini par Margaret Mead[102] : « l'enculturation est le processus de l'apprentissage d'une culture dans toute son unicité et sa particularité ». Ce qui inclut l'apprentissage des valeurs, croyances propres à une culture, ainsi que les conduites y afférant. Au cours de ce processus, la culture s'enracine dans l'individu et devient sa carte cognitive qui lui permet de décrypter le monde et d'y évoluer.

L'anthropologue Conrad Phillip Kottak offre la définition suivante, qui peut totalement illustrer le processus à l'œuvre dans les communautés hassidiques : « l'enculturation est le processus par lequel la culture établie enseigne à un individu les normes et valeurs acceptées dans la culture ou société dans laquelle vit l'individu. L'individu peut alors devenir un membre accepté et remplir les fonctions et rôles requis par le groupe. Et ce qui est essentiel, l'individu reconnaît et établit un contexte de frontières et de conduites acceptées, qui désigne ce qui est acceptable et ce qui ne l'est pas dans le cadre de cette société. L'enculturation enseigne à l'individu son rôle dans la société ainsi que ce qui est une conduite acceptable dans cette société[103] ». Robert Kammen[104] utilise cette notion pour décrire le système qui permet d'éduquer l'enfant en l'impliquant tout de suite dans la vie de la communauté, forgeant son identité en correspondance totale avec le groupe dans lequel il vit.

---

[101] J. M. Herskovits, *Man and his Works, the Science of Cultural Anthropology,* 1948, New York, Knopf.
[102] Margaret Mead, « Socialisation and Enculturation », *Current Anthropology,* Vol. 4, 1963.
[103] Conrad Phillip Kottak, *Mirror for Humanity: A Concise Introduction to Cultural Anthropology,* McGraw-Hill, 2013.
[104] Robert Kammen, *Growing Up Hasidic,* New York, AMS Press, 1985.

Ainsi, pour les garçons, l'entrée dans la communauté hassidique se fait à l'âge de trois ans : c'est au troisième anniversaire que l'enfant aura sa première coupe de cheveux, faite par le *rebbe* lui-même. Cette coutume trouve sa source dans la loi qui interdit de récolter les fruits d'un arbre pendant ses trois premières années, car Dieu veille à la croissance de l'arbre pendant ce temps. Les Hassidim espèrent en la même bienveillance divine envers les enfants.

Le rebbe de Tash, MenachemFeish Lowy. Septembre 2007. www.kiryastash.ca

Lors d'une grande fête, le petit garçon se verra offrir sa *kippa* (ou *yarmulke*, en yiddish) et son *talis katan*, l'incluant ainsi dans le cercle des hommes. Le *talis katan*, ou *tallit katan*, est un petit châle de prière que portent les Juifs orthodoxes, afin de respecter la prescription de porter des franges (*tzitzit*) aux coins des vêtements : Deutéronome 22 :12 : « tu mettras des franges aux quatre coins du vêtement dont tu te couvriras ». Les *tsitsit* rappellent à l'homme les commandements divins. Les Hassidim portent ce *tallit katan* en permanence sous leurs vêtements.

Le *rebbe* prend l'enfant sur les genoux, ouvre un abécédaire, trempe son index dans du miel, touche la première lettre de l'alphabet et offre son doigt à l'enfant, qui goûtera à la joie de pouvoir enfin apprendre la Torah. Le petit garçon se voit ainsi totalement inclus dans la communauté – étape cruciale dans la construction de son identité.

Education et règles

L'éducation a pour visée de maintenir des frontières autour et à l'intérieur de la communauté : frontière entre filles et garçons, et frontière entre Juifs et non-juifs – manifestation, une fois de plus, du phénomène d'insularisation.

Un contrôle social intense s'exerce afin de protéger les jeunes gens de toute influence jugée dommageable : pas de télévision ou internet, pas de films, contrôle des téléphones.

Si l'on peut être surpris de voir les gens dans la rue avec des téléphones cellulaires, on ignore souvent que ce sont des téléphones *casher* : l'idée peut paraître incongrue, car comment appliquer des règles de *cashrout* à un objet électronique ? L'astuce a été trouvée il y a quelques années, devant l'accroissement du nombre de téléphones, et des dangers qu'ils représentaient : pas à cause de la fonction téléphonique, mais en raison des fonctions autres des téléphones dits « intelligents », en particulier l'accès à internet. Des rabbins se sont penchés sur la question, et une entreprise a commercialisé ces téléphones aux applications limitées (impossible d'émettre des SMS, pas d'internet, pas d'appareil photo). De cette façon, les règles de modestie sont préservées, puisque les adolescents ne peuvent envoyer de SMS aux adolescentes, aucune photo ne peut être prise, et surfer sur internet, avec les dangers que cela représente, est totalement impossible. Certaines écoles demandent aux parents d'avoir un téléphone mobile *casher*, sinon ils refusent d'inscrire l'enfant – car ils ne veulent pas prendre le risque de contacts indésirables.

Une autre justification pour l'utilisation de ces téléphones *casher* est la conviction que nombreux sont ceux qui ont une véritable addiction par rapport à leur portable, et que ce temps serait mieux utilisé à l'étude, ou à la vie en famille.

Il y a plus de 500 000 téléphones *casher* en usage en Amérique du Nord aujourd'hui, et environ 400 000 en Israël, certifiés par un comité rabbinique sur les communications. Les téléphones portent un tampon similaire aux cachets appliqués sur les aliments.

Voilà un nouvel exemple de l'adaptabilité des Hassidim au monde moderne : ils en connaissent les dangers – et se protègent contre eux – mais également les atouts, dont ils profitent. Ils perpétuent leur mode de vie, tout en faisant l'expérience du changement. Et dans la mesure où un grand nombre d'utilisateurs sont yiddishophones, des rabbins ont mis au point, avec l'assistance d'ingénieurs, des applications en yiddish.

Ce processus de protection des membres de la communauté hassidique est long, et se construit depuis l'enfance. L'accent est mis dès le début sur l'éducation des jeunes gens, qu'il faut protéger de toute influence séculière. La crainte d'une acculturation indésirable, la volonté de résister à l'assimilation, ont poussé les leaders de la communauté à dresser un véritable mur autour de sa jeunesse.

Les institutions éducatives encadrent avec rigueur les enfants, car ils ne sont pas que les récipiendaires de la tradition, ils en sont les passeurs. Il faut alors les mettre à distance du monde extérieur : tout l'enseignement vise à les instruire dans le domaine de la religion et des traditions, et la partie « profane » reste limitée au minimum requis par l'Etat. Samuel Heilman[105], dans son étude sur les Hassidim de Jérusalem, relève que les élèves d'une *yeshiva* étaient incapables de citer les pays qui entourent Israël. Dans leur monde, cette information était inutile, alors pourquoi la leur transmettre ? L'étude du Talmud est le cœur de tout l'enseignement prodigué aux garçons, et se continuera tout au long de leur vie d'adulte. Car pour chaque Hassid, la Torah est la source de toute connaissance : « nous croyons que nous pouvons trouver dans la Torah tout ce qui existe dans le monde », déclare un Hassid[106].

La crainte demeure de voir le « profane » envahir l'espace religieux et le dénaturer. Cette méfiance extrême vis-à-vis de la connaissance séculière s'exprimait dès les débuts du mouvement hassidique. Un célèbre dirigeant d'une *yeshiva* à Volozhin, en Lituanie, s'était opposé à tout enseignement qui ne serait pas religieux, car, disait-il, « il est nécessaire de séparer le sacré du profane, car non seulement les sujets profanes mêlés aux sujets sacrés ne

---

[105] Samuel Heilman, *Defenders of the Faith*, University of California Press, 1992.
[106] Jerome Mintz, *Legends of the Hasidim*, Chicago, The University of Chicago Press, 1968, p. 52.

deviennent pas sanctifiés, mais en outre ils provoquent la profanation du sacré »[107].

Si les écoles de garçons sont essentiellement axées sur l'enseignement religieux, les filles quant à elles, disposent d'un enseignement plus complet. La plus importante école de filles à Outremont est la Beth Jacob Girls School, institution fondée à la fin des années 1940, avec une section française et une section anglaise. Les Belz ont créé leurs écoles communautaires (campus Ducharme pour les filles, rue Durocher pour environ 400 garçons), les Skver ont une petite école à Outremont, et les Loubavitch ont plusieurs écoles sur deux campus, avec sections française et anglaise, ainsi qu'une école pour filles, l'Académie Beth Rivka. Il faut ajouter la First Mesifta School of Canada et la Yeshiva Gedola Merkaz Hatorah, et l'école Satmar Yeshiva Toras Moshe.

Le dernier classement de l'ensemble des écoles privées du Québec a révélé, à la grande satisfaction des Hassidim, que certaines de leurs écoles étaient parmi les plus performantes. Ainsi, l'école Skver est classée seconde sur 154 institutions examinées, et la *yeshiva* First Mesifta of Canada est au 8e rang. En 29e position figure l'école Loubavitch, Beth Rivka Academy, et l'école Belz en 35e. Etant donné le feu des critiques auquel sont soumis les groupes hassidiques en matière d'éducation, ces résultats sont un point positif à leur actif.

Car l'éducation reste une question épineuse et entraîne des conflits avec les instances éducatives du Québec. Pour pouvoir être habilité à accueillir des enfants, tout établissement scolaire doit se conformer à des règles d'encadrement et d'enseignement qui ne sont pas toujours remplies, et proposer des matières séculières obligatoires.

---

[107] Rabbi Naftali Zvi Yehuda Berlin (1817-1893), cité par Samuel Heilman, *op.cit.*, p.19.

Quatre écoles accueillant quelque 2 000 enfants avaient été soumises à des inspections pendant plusieurs années et encouru le risque de voir leur permis non renouvelé : Yeshiva Gedola Merkaz Hatorah, les écoles Skver, l'école Mesifta, et l'école Belz. En cause le temps d'enseignement dévolu aux matières obligatoires : l'enseignement religieux empiète sur les heures consacrées aux matières profanes, absence de laboratoires informatiques et scientifiques, et la formation de certains enseignants des disciplines séculières n'est pas reconnue. Les écoles avaient bénéficié d'un renouvellement de permis par l'ancien gouvernement au cours de l'année 2013, mais aujourd'hui le ministère de l'éducation sous la houlette du nouveau ministre Yves Bolduc, ne semble pas disposé à étendre les autorisations sans refonte complète des écoles. Lors d'une interview à radio Canada, il a déclaré, « la ligne de base, c'est qu'un élève québécois doit recevoir les cours prévus par la loi ».

Le ministère a déjà retiré en juillet 2013 son permis de fonctionnement à l'Académie Beth Esther (avenue Van Horne), une école Satmar fondée en 1956. Mais elle continue à accueillir environ 200 enfants. Une autre école Satmar, pour garçons, Yeshiva Toras Moshe (avenue Casgrain) s'est vue sommée de fermer, mais a continué de fonctionner malgré l'interdiction. Il est à noter que cet établissement qui est ouvert depuis 1952, ne reçoit aucune subvention publique. Deux autres écoles Tash à Boisbriand sont également menacées de fermeture : le Talmud Torah de Tash, une école qui accueille 300 garçons, et Beth Tziril, l'Académie de jeunes filles, qui inscrit 380 élèves. Le Talmud Torah n'enseigne pas de matières non religieuses, et Beth Tziril n'a pas d'enseignants certifiés : seules 3 professeurs sur 24 ont le permis d'enseigner. Le ministère de l'Education a référé ces deux cas à la justice provinciale.

Les communautés hassidiques ont engagé une responsable de relations publiques et une lobbyiste afin de négocier avec le gouvernement qui a réaffirmé dernièrement sa volonté de ne plus accepter des écoles « illégales », sans permis de fonctionnement.

Tout en affirmant le désir de négocier avec le ministère, Alex Werzberger, le directeur de COHO (Coalition des Hassidim d'Outremont), a manifesté de manière catégorique son opposition à l'obligation d'assurer certains enseignements, comme la théorie de l'évolution : « On ne veut pas enseigner la théorie de l'évolution. À un enfant à qui on a dit toute sa vie que c'est Dieu qui avait créé la Terre, on ne va pas soudainement lui dire le contraire [108] ». Cette réaction n'est pas sans rappeler les débats qui agitent les milieux scolaires aux Etats-Unis où créationnistes et évolutionnistes s'affrontent. La différence est qu'ici les Hassidim ne cherchent pas à imposer leur vision du monde aux autres, à la différence des évangéliques américains dont l'emprise sur la société s'accroît. Ce que répètent sans cesse les Hassidim, c'est leur désir de rester maîtres de *leur* monde.

Pas de cours de biologie, donc, ni le cours Ethique et culture religieuse, obligatoire dans les écoles depuis la loi sur l'éducation adoptée en 2008. Personne ne peut forcer les écoles à faire ce qu'elles ne veulent pas, ajoute-t-il. Et il souligne que ces écoles existent depuis plus de 60 ans, avant même la création du Ministère de l'Education (1964). Selon les directives ministérielles, toutes les écoles sont tenues de dispenser 18 heures par semaine de matières non religieuses. Les Satmar ne consacrent que 6 heures à ces disciplines – anglais, français, géographie – et 35 heures aux matières religieuses. Le directeur de Toras

---

[108] *Le Devoir*, 2 juin 2014.

Moshe, David Meisels, affirme que « l'enseignement séculier complémentaire doit être en conformité avec les principes de notre religion… Il ne peut pas nuire aux études religieuses[109] ». Par contre, ils accepteront de revoir les qualifications des enseignants dans le sens requis par le ministère.

Rester maîtres du contenu des enseignements est une constante dans les écoles hassidiques. L'utilisation de manuels ne se fait que dans les écoles Belz et Loubavitch : les autres fournissent des photocopies, sélectionnant avec soin ce qu'ils souhaitent diffuser – censure qui permet un contrôle absolu de l'enseignement. Que se passera-t-il à l'avenir pour les écoles mises en cause ? Les quatre mentionnées précédemment devront répondre en cour de justice.

Mais le problème global de la mise aux normes des enseignements reste un point épineux dans les relations entre les communautés hassidiques et le gouvernement québécois, même si comme l'affirme Alex Werzberger, les Hassidim sont ouverts à la négociation, avec un gouvernement libéral peut-être plus à l'écoute et moins coercitif que le précédent ministère dirigé par le parti québécois – parti souverainiste très strict sur les questions de laïcité, et généralement peu favorable aux intérêts religieux. Lorsque j'ai rencontré Alex Werzberger, il venait de conclure un accord avec le ministère à propos de l'école Satmar, Yeshiva Toras Moshe. L'école peut officiellement continuer à fonctionner, au grand dam de ses détracteurs, qui ont tout de suite lancé une offensive contre les responsables hassidiques : les représentants du Mouvement Laïque Québécois[110] ont écrit le 2 décembre

---

[109] *Canadian Jewish News,* 4 novembre 2010.
[110] Le Mouvement Laïque Québécois a été fondé en 1981. Il se présente comme un groupe de pression politique, dont le but est « la

2014 une lettre ouverte au ministre de l'Education, Yves Bolduc[111], exprimant leur « consternation » face à l'accord passé, qu'ils qualifient « d'abdication des responsabilités » qui incombent au gouvernement et s'insurgeant contre le « passe-droit » accordé à l'école hassidique – laissant croire au passage que cette école bénéficiait de financements publics, ce qui n'est pas le cas. La véritable lutte se fait donc au niveau du « régime pédagogique » propre au Québec, que les plus laïcs veulent étendre à l'ensemble des écoles – privées ou publiques, financées par le gouvernement ou pas. La réplique des autorités religieuses se base sur la liberté individuelle : l'éducation est l'affaire des parents, pas celle du gouvernement. Ils se prévalent d'ailleurs du droit de dispenser à la maison l'enseignement nécessaire à leurs enfants. Comme l'explique une porte-parole de la communauté Vishnitz, « cette solution donne le meilleur des deux mondes. Les enfants vont recevoir la meilleure éducation possible, recevoir tout ce dont ils ont besoin pour être des citoyens qui puissent s'intégrer à la société québécoise et être fidèles à leurs principes religieux [112]». La Commission scolaire accompagne la démarche des parents de cette communauté et le ministre de l'Education, Sébastien Proulx, considère que c'est « un pas dans la bonne direction ».

Si l'on s'en tient strictement aux principes, les Hassidim n'ont-ils pas raison ? Ils paient leurs taxes

---

laïcisation complète de l'Etat et des institutions publiques du Québec ». Il inscrit également la « lutte pour la déconfessionnalisation du système scolaire et l'instauration d'écoles laïques sur l'ensemble du territoire » comme l'un de ses objectifs principaux. Site internet : www.mlq.qc.ca

[111] Yves Bolduc, ministre de l'Education d'avril 2014 à février 2015. Sébastien Proulx lui succède à ce poste.

[112] Radio Canada, 22 juin 2016. Ici.radio-canada.ca

comme tous les autres citoyens, donc financent le système éducatif public, mais refusent d'y inclure leurs enfants. Puisqu'ils s'autofinancent, à quel titre le gouvernement pourrait-il intervenir ? L'autre aspect reste l'intérêt de l'enfant : a priori, les institutions gouvernementales ont établi un système qu'elles estiment être à même de garantir une égalité de formation et d'offrir les mêmes chances de réussite. Les écoles hassidiques qui filtrent totalement les connaissances afin de les mettre en conformité avec la croyance et la tradition ne répondent pas aux défis du monde moderne. On peut légitimement s'inquiéter des barrières érigées face à la connaissance et poser le problème de manière plus générale : peut-on empêcher des enfants de bénéficier des progrès établis en matière de recherche scientifique ? Mais a-t-on le droit de contraindre les familles à abandonner leurs principes ? La question est complexe, et dans ce cas précis, le ministère a opté pour la solution la plus accommodante : le respect de la liberté des familles.

J'ai abordé cette question avec un Hassid membre de la communauté Belz : originaire de New York, sa vision du particularisme québécois me semblait intéressante. Il s'avère que la situation à New York est encore plus sensible, car la contestation vient du cœur même de la communauté orthodoxe. Un ancien condisciple de mon interlocuteur, en désaccord avec les contraintes et règles imposées, a décidé de quitter son groupe et a pris l'initiative d'un combat pour réformer l'enseignement donné dans les écoles hassidiques. En 2011, Naftuli Moster a fondé Yaffed – Young Advocates For Fair Education – et a porté le débat au niveau des instances gouvernementales locales. Arguant du fait que l'Etat de New York avait failli à ses engagements de garantir un enseignement général « équivalent à celui dispensé dans les écoles publiques » et ne contrôlait pas réellement les écoles hassidiques, Moster a lancé des actions au niveau de l'Etat et de la ville, afin d'obliger les législateurs à faire appliquer les règlements qui requièrent des écoles un enseignement général approfondi. Les écoles hassidiques ne dispenseraient en moyenne que 90 minutes d'enseignement séculier, contre 5h dans les écoles publiques. Et après l'âge de 13 ans – une fois que les garçons ont célébré leur *barmitsvah*[113] – il n'y a plus d'enseignement non religieux, plus d'enseignement de l'anglais ou des mathématiques. La formation insuffisante aurait sans aucun doute un impact négatif sur l'avenir professionnel des garçons, qui se verraient incapables d'occuper des postes correctement rémunérés en dehors de leur communauté.

Moster a dédié son organisation à « améliorer les programmes d'enseignement général au sein des écoles ultra-orthodoxes, car nous sommes absolument convaincus que chaque enfant a droit à une éducation juste et équitable »[114]. 39 écoles vont être inspectées, 38 à Brooklyn et une à Queens, du fait de l'action lancée par Moster.

Du côté des écoles concernées, l'étonnement est grand, et mon interlocuteur montréalais rejette l'initiative de Moster comme étant une action motivée par un désaccord personnel avec les dirigeants de la communauté hassidique. « Le changement doit venir de l'intérieur », me déclare-t-il. Pour lui, Moster a enfreint les codes en portant le débat sur la place publique, et en prenant des initiatives en son propre nom, semble-t-il, même s'il définit son combat comme un combat au nom des familles qui n'osent pas s'exprimer par peur d'être exclues de la communauté. Pour l'instant, 50 familles se sont jointes

---

[113] *Barmitsvah* : la majorité religieuse des garçons, à l'âge de 13 ans.
[114] Yaffed.org

aux démarches de Yaffed. La prochaine étape risque d'être au niveau judiciaire, si Moster estime que le département éducation de l'Etat de New York n'agit pas avec efficacité. Mais cette action serait sans doute interprétée comme un acte hostile, « une vendetta personnelle », me dit mon interlocuteur. De nombreux Hassidim interviewés par le journal *The Jewish Week* se déclaraient satisfaits de leur système éducatif qui leur permet de maintenir leur mode de vie traditionnel : « en tant que père », déclare un habitant de Borough Park, « je me sens concerné par l'influence de la société laïque. Je pense que la société laïque ne fonctionne pas[115] ». Affirmation similaire d'un autre Hassid : « nos valeurs résident dans notre tradition religieuse. Et nous voulons que les choses demeurent telles qu'elles sont ». L'enseignement non religieux a donc pour une grande majorité des Hassidim une place négligeable.

Affiche de Yaffed à Brooklyn. Yaffed.org

Sujet brûlant donc, que l'éducation, qui révèle les fractures au sein des communautés juives. La situation en

---

[115] « Don't know much about history », *The Jewish Week*, 8 septembre 2015.

Israël est encore plus controversée, au regard des enjeux idéologiques et politiques qui animent la société israélienne. Pour le Québec, les réformes se feront, plus ou moins vite, mais les Hassidim eux-mêmes reconnaissent la nécessité d'améliorer l'éducation des garçons pour les préparer plus efficacement à l'insertion dans la société moderne.

Chronologie de la création d'écoles

J'utiliserai ici la chronologie établie par Arlette Corcos dans son ouvrage intitulé *Montréal, les Juifs et l'école*.

Les premières écoles ont été créées très tôt, dès l'arrivée des Hassidim à Montréal.

1941   Fondation de la *yeshiva* Loubavitch Tomche Tmimim

1944   Fondation du Collège rabbinique du Canada par les Loubavitch

1946   Fondation de l'école Beth Rivka par les Loubavitch (première école de filles)

1949   Fondation de la *yeshiva* First Messifta par les Klausenberg

Fondation de la Yeshiva Maor Hagola par plusieurs groupes hassidiques

Fondation de la Yeshiva Toras Moshe par les Satmar

1951   Fondation de B'not Jerusalem par les Belz (école de filles)

1952   Fondation de la Yeshiva Hassidei Belz Umahzik Hadath

Fondation de Beth Esther par les Satmar (école de filles)

1963   Fondation de la Yeshiva Or Hachaim par les Tash, à Boisbriand

1973   Fondation de Beth T'Zriel par les Tash, à Boisbriand (école de filles)

1982   Fondation de l'école Skver

Enseignement supérieur

Dans les groupes hassidiques, seuls les Bobov et les Loubavitch valorisent l'éducation supérieure – dans certaines limites : il faut que ces formations servent à la communauté. Les autres professent une méfiance tenace vis-à-vis des universités qui recèlent pour eux des dangers moraux. La trop grande liberté, la confrontation à un monde dont les valeurs sont si différentes, tout cela fait que les *rebbes* découragent les jeunes hommes de se tourner vers des études universitaires. Pour les jeunes filles, la question n'est même pas posée. Elles ont une formation suffisante pour enseigner dans le système éducatif hassidique, et leur rôle principal reste celui de mère de famille. Quant aux garçons, le grand espoir pour des parents devant les prouesses intellectuelles de leur enfant est que celui-ci devienne rabbin.

Par contre, les Loubavitch apprécient les enseignements scientifiques dispensés dans des institutions supérieures. Ils enverront leurs étudiants dans des universités américaines ou israéliennes religieuses, afin de minimiser le choc culturel et le risque de déviance spirituelle et morale. Les Loubavitch expliquent ainsi leur démarche : « Ce système philosophique, qui se rattache à l'héritage de la mystique juive, enseigne la compréhension et la reconnaissance du Créateur, le rôle et la finalité de la Création et l'importance de la mission unique de chaque créature. Cette philosophie guide l'individu dans ses efforts pour raffiner chacun de ses actes et chacune de ses émotions, au travers, précisément, de la sagesse, de la compréhension et de la connaissance »[116]. Alliance de la foi et de la connaissance, confiance dans la capacité de chacun à se confronter à la science sans perdre sa foi, ces caractéristiques placent le mouvement Loubavitch à part dans le monde hassidique. J'y reviendrai ultérieurement.

Cette ouverture au monde profane fait qu'ils ont de nombreux médecins, avocats, architectes, lesquels contribuent favorablement à la santé économique de leur communauté.

Tel n'est pas le cas des autres groupes, qui privilégient l'éducation religieuse au détriment des matières séculières, avec pour conséquence un appauvrissement notoire, car les jeunes Hassidim n'ont pas de vraie qualification professionnelle. Seuls 16% des Hassidim vont à l'université – contre 63% des non-orthodoxes. Et 41% des familles hassidiques vivent en-dessous du seuil de pauvreté, soit un nombre deux fois plus élevé que pour le reste de la communauté juive de Montréal.

17% des jeunes Hassidim sont au chômage[117], chiffre nettement supérieur à la moyenne provinciale

---

[116] www.chabad.org
[117] Randal F. Schnoor, «Tradition and innovation in an Ultra-Orthodox Community: the Hasidim of Outremont» http://cjs.journals.yorku.ca/,

(7%). Manque de formation et rigueur des règles religieuses constituent un obstacle à l'embauche. Il sera très difficile de travailler pour un employeur non juif, qui sera prêt à accepter les contraintes liées à l'observance religieuse, comme le respect du Shabbat (le travail devra s'arrêter le vendredi à 15h maximum, et le samedi sera chômé). La tenue vestimentaire aussi peut être une difficulté supplémentaire. Certains employeurs sont totalement rétifs à l'affichage de telles différences.

D'autre part, la taille des familles et le manque de formation professionnelle créent un stress économique et financier qui a rendu nécessaire la création d'une banque alimentaire en 1984. Aujourd'hui encore, cette banque pourvoit aux besoins de nombreuses familles. Et la communauté d'Outremont a dû établir un partenariat avec le gouvernement afin de tenter de pallier ces difficultés économiques.

Depuis 1998, un service d'aide à l'emploi et de formation financé par le gouvernement opère auprès de la population d'Outremont. Par exemple, un programme d'apprentissage du français a été mis en place : quelque 25 à 30 Hassidim suivent ces cours pendant un semestre. L'acquisition du français doit faciliter leur intégration dans le marché du travail. Beaucoup occupent des emplois dans l'informatique, car ils peuvent travailler depuis leur domicile. D'autres sont dans le commerce, d'autres encore sont professeurs ou directeurs d'établissements scolaires (22%). Peu occupent des postes « cols bleus ». C'est peut-être une piste de formation pour sortir les jeunes hommes du chômage.

Les femmes elles aussi travaillent : 35% occupent des emplois à temps partiel, 15% des postes à temps plein.

York University (Canada), 2002. Les statistiques suivantes sont extraites du même article.

C'est notamment une nécessité pour les jeunes couples, car juste après le mariage, les jeunes hommes retournent étudier pour deux ans au *kollel*[118]. Ce sont donc les femmes qui doivent contribuer au maintien financier de la famille.

LA FAMILLE

> *« Nous vivons les rideaux fermés sur le monde extérieur. La lumière qui nous éclaire émane de l'intérieur. Pour nous, le chez-soi est sacré, et toutes nos valeurs en découlent. C'est à la maison que nous nourrissons notre bien-être physique, émotionnel et spirituel*[119]*. »*

Le foyer est un véritable sanctuaire, le rempart contre l'extérieur, le lieu où se forge l'identité de chaque enfant hassid, qui s'imprègnera des valeurs qui vont dicter sa vie.

L'une des grandes forces des groupes hassidiques est leur taux de natalité. Chaque famille a en moyenne 5 enfants, mais il n'est pas rare de voir des familles de 7 ou 8 enfants : 30% des familles ont 7 enfants, et 10% en comptent 10 ou plus. Le pourcentage de jeunes de moins de 15 ans est donc de 50% environ[120], alors que dans le

---

[118] *Kollel*: centre d'étude du Talmud pour les hommes mariés.
[119] Malka Zipora, *Lekhaim. Chroniques de la vie hassidique à Montréal*, Montréal, Editions du Passage, 2006.
[120] Charles Shahar, Morton Weinfeld and Randal F.Schnoor, «Survey of the Hasidic and ultra-orthodox communities in Outremont and

reste de la communauté juive montréalaise, la proportion est de 19%.

Chaque naissance est une bénédiction, et représente la sanctification du mariage. Au XXIe siècle, cela suppose une force considérable des *takanot* (règles) : les mariages sont arrangés, avec le consentement des jeunes gens. Anachronisme dans une société marquée par la libération des mœurs, les règles du mariage sont pourtant acceptées, et valorisées.

La *Shadchan* (i-e personne qui arrange un mariage) joue un rôle crucial. Le système du *Shidduch* remonte aux temps bibliques et répond à l'idée toujours vivace qu'un mariage doit réunir deux âmes-sœurs, destinées l'une à l'autre. La personne qui sert d'intermédiaire connaît généralement bien les familles, et met en contact les jeunes gens concernés. Le nombre de rencontres varie d'un groupe à l'autre : parfois, les jeunes gens s'engagent après seulement deux entrevues.

Il existe depuis quelques années des sites internet de *schadchanim* professionnels qui permettent de réunir des candidats au mariage. Voici un autre exemple de l'intégration du monde moderne et de la technologie dans les milieux hassidiques.

Le but n'est pas lucratif, l'inscription est gratuite ; les mariés feront un don, si les rencontres aboutissent. Outre les renseignements classiques qui informent sur le degré de pratique religieuse, les questionnaires comportent des informations plus personnelles, et essaient de cadrer la demande par la description des trois qualités principales valorisées par le (la) candidat(e). L'énumération de ces qualités renseigne utilement sur la façon dont le mariage

---

Surrounding Areas», Montreal: Coalition of Outremont Hasidic Organizations, 1997.

se conçoit dans les milieux ultra-orthodoxes : ainsi, le site international *schadchanscircle.com* liste 17 traits de caractère que les jeunes filles peuvent souhaiter trouver en leur mari potentiel : « aventureux, intellectuel, responsable, sensible, spontané, artiste, gentil, romantique, décontracté, sophistiqué, bavard, d'esprit ouvert, assuré, spirituel, plein d'esprit, amical, ayant un sens pratique ». Qualités intéressantes, qui relèvent du potentiel « humain » de l'individu – et qui permettront une longue vie commune avec de nombreux enfants.

Les jeunes filles – et jeunes femmes – semblent rassurées par le fonctionnement de l'institution : avant d'engager leur fille dans une union, les parents étudient soigneusement le « background » du futur époux et de sa famille, et sont à l'écoute des desiderata de leur enfant. La jeune fille rencontre le jeune homme, et s'il y a le moindre doute, le mariage ne se fera pas. Une fois marié, le couple ne sera jamais abandonné ou isolé : si l'union ne fonctionne pas, un conseiller les écoutera et les aidera à surmonter le conflit. S'il échoue, le couple divorcera. Mais le *get* – divorce religieux – est un processus difficile, qui reste exceptionnel. Le mariage est vécu comme une alliance sacrée, et tout sera fait pour éviter la séparation. Le *get* est généralement accordé dans les cas de violence conjugale ou problèmes mentaux. Il reste cependant à l'initiative du mari – survivance des règles patriarcales, et génère parfois de véritables drames : les *agunot*, ces femmes « enchaînées » auxquelles le *get* est refusé. La conséquence en est qu'une *aguna* ne pourra pas se remarier religieusement, même si sur le plan civil elle est officiellement divorcée, et ses enfants issus d'une deuxième union seront considérés comme des bâtards.

Ce type de situation se produit rarement à Montréal. Une jeune femme que j'interviewais m'indiquait que sur les 24 jeunes filles qui formaient sa classe, au bout d'environ quinze ans, une seule avait divorcé. Il est cependant très difficile d'obtenir des statistiques – soit parce que la communauté veut minimiser le phénomène, soit parce qu'en effet, le divorce est un phénomène exceptionnel. Avec une certaine dose de cynisme, un responsable hassid me disait que les couples se formaient très jeunes et avaient rapidement des enfants, et par conséquent il était beaucoup plus problématique sur un plan purement matériel, de divorcer. Mais on peut imaginer que les hommes, tout comme les femmes, de ces communautés, sont plus engagés dans leur union et feront davantage d'efforts pour sauver ce qui est le fondement de la famille et un acte religieusement sacré.

La photo suivante, prise par la photographe polonaise Agnieszka Traczewska dans le quartier hassidique de Mea Shearim, à Jérusalem, a remporté le second prix du concours 2014 institué par le *National Geographic*. On ne peut qu'être frappé par le bonheur qui illumine le visage des jeunes mariés, leur rire, et si ces unions sont en effet « arrangées », elles ne signifient pas pour autant que les femmes – ou les hommes, d'ailleurs – gâchent leur vie personnelle.

Source: travel.nationalgeographic.com

Si les coutumes hassidiques ne correspondent en rien aux mœurs modernes, elles ne sont pourtant pas synonymes d'oppression et d'asservissement. Pour la jeune fille hassidique, le choix est un paramètre pris en compte – contrairement à l'idée qui est véhiculée dans les milieux non orthodoxes. Si elle refuse de se marier, elle n'y sera pas contrainte. Par ailleurs, je tiens à préciser que ce que je rapporte concerne le Canada, et ne s'applique pas forcément aux communautés hassidiques en Israël. Bien qu'il soit très difficile d'obtenir des statistiques, nous savons qu'en Israël les règles sont parfois beaucoup plus dures, et que nombre de jeunes filles sont rejetées par leurs familles lorsqu'elles ont un comportement « déviant ». Le phénomène semble inexistant à Montréal. Les entretiens que j'ai conduits avec des membres des groupes Belz et Loubavitch ne révèlent rien de ce genre. Il semble au contraire qu'une grande solidarité s'exprime, et que face à des difficultés d'ordre individuel, le réseau se mobilise pour aider. Une jeune femme divorcée ne sera absolument pas déconsidérée, et pourra se remarier : c'est le cas de la belle-sœur de Hadassa, une jeune femme que j'ai pu rencontrer à diverses reprises. Pas de jugement négatif de la part de Hadassa, au contraire une compréhension de la situation. J'émettrai l'hypothèse que ce type de comportement reflète une certaine modernisation influencée par le contexte nord-américain : les jeunes femmes hassidiques sont américaines (ou canadiennes), malgré tout.

Le documentaire « Shekinah : The intimate life of Hasidic Women [121] » montre la conviction des étudiantes face aux qualités du mariage arrangé : elles ne le considèrent pas comme un anachronisme ou une contrainte menaçante, mais au contraire une institution qui doit les protéger. C'est même la situation moderne du mariage d'amour qui leur paraît représenter un vrai risque pour les femmes : combien d'épouses se retrouvent-elles abandonnées, livrées à elles-mêmes avec leurs enfants, et souvent sans ressources ? L'impression qui ressort du documentaire, et confirmée par son auteur, et que les femmes, loin d'être des victimes d'un système patriarcal oppressif, sont les actrices de leur propre vie, investies d'un rôle au moins égal à celui de l'homme, heureuses et épanouies. Le proverbe ne dit-il pas, « une femme de valeur est la couronne de son mari » ? La couronne domine la tête, et lui confère gloire. La femme possède cette majesté, cette grandeur essentielle. Ce sentiment de dominer une sphère supérieure, je l'ai moi-même perçu lors de mes rencontres avec des femmes hassidiques d'Outremont – Belz ou Vishnitz.

---

[121] Voir chapitre suivant.

CHAPITRE 4

FEMMES HASSIDIQUES

LES FILLES DU ROI

« Toute glorieuse est la fille du roi dans son intérieur, de tissus d'or elle est vêtue ».

(Psaumes 45-14)

La place des femmes dans les communautés hassidiques est certainement le sujet qui suscite le plus de controverses et est l'objet de stéréotypes largement véhiculés. La séparation des sexes dès le plus jeune âge, les mariages arrangés, les nombreuses grossesses, la manière rigide dont sont organisés les groupes, tout cela laisse à penser que les femmes sont traitées de manière inégalitaire, en êtres inférieurs, à la façon dont étaient traitées les femmes avant l'Emancipation du XXe siècle. Si l'on s'arrête aux apparences, en effet tout le système semble reposer sur l'inégalité et l'injustice. Mais lorsque l'on prend la peine de parler avec ces femmes, la situation s'éclaire sous un autre jour.

Les ouvrages, nombreux, sur les femmes qui ont quitté leur communauté dans l'espoir de pouvoir vivre une autre vie, éclipsent en importance les livres qui célèbrent la féminité hassidique. Pourtant ils existent ! Ainsi, il y a quelques années paraissait un court ouvrage intitulé *Lekhaim ! [A la vie !] Chroniques de la vie hassidique à Montréal*[122]. Son auteur, Malka Zipora (un pseudonyme), vit à Outremont depuis plus de 35 ans. Mère de douze enfants, cette femme est une passionnée d'écriture. Les habitants de son quartier la connaissaient sous le nom de « la Dame qui sait écrire », un talent qu'elle avait mis au service de sa communauté. Mais elle avait aussi pris l'habitude de coucher sur le papier ses pensées, ses sentiments, au jour le jour, et avait partagé avec ses amies ses descriptions de ce qui était leur vie à toutes, femmes hassidiques, entourées de nuées d'enfants qui faisaient leur bonheur en dépit de toutes les tâches épuisantes. Comme elle le déclarait à un journaliste, « la nuit, toutes les nuits, quand les enfants sont endormis, c'est alors que j'éprouve ce sentiment. C'est comme une maisonnée emplie d'anges[123] ».

Une étudiante qui faisait un travail de terrain à Outremont pour son Master en études d'urbanisme la contacta, et la convainquit de faire publier ses écrits. Ce qui fut fait en 2006. En 22 petits récits, Malka Zipora nous fait partager la vie à Outremont, les fêtes, les tracas, les joies… Hymne à la vie, chant d'amour pour la famille, ce petit ouvrage offre un regard intime sur le quotidien de ces femmes qui intriguent et fascinent à la fois.

Hommes et femmes évoluent dans deux univers distincts, chacun avec ses fonctions et ses devoirs. Si l'étude est dévolue à l'homme, la femme sera, elle, la gardienne du foyer, celle qui va transmettre valeurs et

---

[122] Malka Zipora, *Lekhaim! Chroniques de la vie hassidique à Montréal*. Traduit du yiddish par Pierre Anctil, Editions du Passage, 2006.
[123] «A glimpse into a hidden world», *The Gazette*, 6 mai 2006.

règles à ses enfants. C'est elle qui transmet l'identité – son rôle est en définitive crucial pour la survie de la communauté, et d'une certaine façon, plus signifiant que celui de l'homme. Ce point est souvent négligé dans les études sur la place de la femme dans les communautés hassidiques : valoriser la maternité n'implique pas obligatoirement un statut d'infériorité. On ne retient que l'aspect extérieur, superficiel, de la position des femmes tenues à une modestie exemplaire – et contraignante. Lorsque l'on pénètre le milieu hassidique, on réalise à quel point cette vision est parcellaire. Le mot qui revient sans cesse dans les conversations avec les Hassidim est « différent » : hommes et femmes sont *différents*, ils ont tous un rôle essentiel à jouer, mais un rôle *différent*, leurs devoirs sont *différents* – mais au bout du compte, hommes et femmes sont égaux dans leur fidélité à Dieu et à ses commandements.

> « La *Hassidus* explique que la femme vient d'une source supérieure à l'homme, et dans ce sens, elle est plus proche de l'essence divine. Sa grandeur est révélée dans le proverbe « Une femme de valeur est la couronne de son mari ». Et la couronne est placée sur la tête, tout en haut, et lui donne sa gloire[124]. »

Rivkah Slonim, directrice du Chabad Center for Students à l'université Binghamton (Université de l'Etat de New York), défend depuis des années cette théorie – qui redonne à la femme sa juste place dans la société hassidique. Elle se définit comme une juive hassidique féministe et écrit, « je vivais dans un monde d'absolus, le monde de la Torah. J'aimais ce monde, et je savais qu'il était vrai. Si dans un monde d'absolus il y a certaines choses qu'une femme ne fait pas... je ne les ferai tout

---

[124] Shaina Sara Handelman, in *New World Hasidim: Ethnographic Studies of Hasidic Jews in America*, Janet Belcove-Shalin ed., 1995, p.13.

simplement pas, même si je souhaiterais les faire. Ces choses-là n'apparaissaient pas comme cruciales. La joie et l'accomplissement dans le style de vie juif hassidique, qui proviennent de la connaissance de vous-même et du fait d'avoir un but et une direction dans votre vie, sont beaucoup plus importants[125] ».

Un but, du sens, ces mots reviennent toujours dans les conversations. Les jeunes femmes que j'ai rencontrées multiplient les tâches et ne sont pas confinées à leur foyer. Il est quasiment miraculeux de voir la manière dont elles jonglent avec leurs différentes activités, alors même qu'elles ont de très jeunes enfants.

Il est vrai qu'elles se soumettent à des règles très strictes, qui peuvent nous apparaître archaïques ou rétrogrades, mais qui sont pour elles fondamentales dans la définition de leur identité. La modestie, *tznius*, est l'une de ces règles. *Tzinius* implique le respect de coutumes ancestrales, comme le fait de cacher ses cheveux dès que la jeune fille se marie. Dans ce domaine, les pratiques varient, et l'on passe du « modérément correct » au plus strict. Les Loubavitch sont les plus modérées – et les moins visibles. Les jupes couvrent le genou, sans plus. Et elles sont très attentives à leur côté féminin. Mindy Pollak (une Vishnitz), élue conseillère municipale d'Outremont en novembre 2013, est esthéticienne de formation, et insiste sur l'importance du bien-être physique. Beaucoup apparaissent extrêmement coquettes – dans les limites de la pudeur, bien évidemment. Légèrement maquillées, portant des perruques en vrais cheveux totalement indiscernables, vêtues de vêtements élégants, avec des bijoux, elles ressemblent à toute jeune femme bourgeoise – n'étaient leurs chaussures plates, quand les canons

---

[125] http://www.chabad.org/theJewishWoman/article_cdo/aid/1335/jewish/Chassidic-Feminist.htm

actuels de la mode infligent des talons de 10 cm aux *fashionistas*.

Du côté très strict, les femmes Satmar sont les plus exigeantes. Elles ne portent que des jupes très longues, des couleurs sombres et ne portent pas de perruques, mais le *tikhl*, un foulard qui couvre leur tête complètement rasée. La coutume de se raser la tête dès après le mariage fut instaurée en Pologne au XVIe siècle, et était tombée en désuétude. C'est le *rebbe* Yoel Teitelbaum qui a insisté pour la remettre en vigueur, allant même jusqu'à refuser dans sa communauté tout fidèle dont la femme ne se rasait pas les cheveux. Une fois par mois, avant d'aller au *mikveh*, et ainsi être sûre que l'eau ne serait pas souillée par les cheveux, chaque femme Satmar se rase la tête. Et comme on ne peut totalement dissimuler les cheveux par un foulard, il valait mieux, selon lui, les raser complètement.

Quant à la perruque, c'était pour lui un péché égal à celui de garder ses propres cheveux. Il mena une véritable guerre contre la perruque – car de nombreuses femmes avaient choisi cette option. Il déclara devant des assemblées de fidèles, « si quoi que ce soit de mauvais se passe dans une famille où les femmes portent des *shaitels* (perruques), ne venez pas me voir pour solliciter mes prières en leur faveur [126] ».

La question de la chevelure est sans aucun doute le point le plus discuté par les observateurs : l'image de la tête rasée véhicule un sens très lourd après la Shoah – lorsque les nazis enlevaient toute humanité aux femmes en les dépouillant de leurs cheveux. On se demande toujours quelle est la pertinence de ce commandement imposé par certains rabbins. Mais justement la réponse est là : c'est

---

[126] Rabbi Dovid Meisels, *op. cit.*, p.350.

une tradition, qui est parfois imposée dans certains groupes. Les femmes qui l'acceptent le font de leur plein gré. Elles incluent ce commandement dans l'ensemble des règles de pudeur qu'elles se doivent de suivre : montrer sa chevelure, me confiait une jeune femme, serait une sorte de nudité. Et leur accord est motivé par la conviction que la parole de leur *rebbe* est supérieure à leurs propres doutes. Que nous soyons choqués par cette attitude n'a pas de place dans le débat : ce qui demeure est la possibilité du choix. Les lignes entre les groupes sont assez fluides, et quitter une communauté excessivement orthodoxe pour une autre plus ouverte est toujours possible. Il faut donc admettre que des femmes choisissent librement de vivre selon des règles ancestrales aux antipodes de la modernité.

Les femmes Satmar se distinguent également par le fait qu'elles portent des collants épais – les collants transparents étant synonymes d'immodestie. Dans ce cas aussi, c'était une intervention vigoureuse du *rebbe* Teitelbaum qui avait imposé aux femmes de sa communauté d'obéir à cette règle. En 1973 il avait même demandé à un Hassid de produire des collants spécifiquement pour les femmes Satmar en deux couleurs : gris pour les *rebbetzin* et beige pour toutes les autres, avec des coutures apparentes afin que chacun voit qu'il s'agissait bien de collants. Ces collants portent la marque « Palm » (palmier), traduction anglaise de Teitelbaum. Aujourd'hui encore, ce sont les collants portés par les femmes Satmar. *Tznius* était – et continue d'être dans ce cas précis – défini dans des normes extrêmes.

SIM'HAT TORAH AVEC LES BELZ

J'ai eu le privilège de passer le deuxième soir de Sim'hat Torah[127] dans une famille Belz – privilège, car il n'est pas toujours facile d'entrer dans l'univers hassidique lorsque l'on n'est pas pratiquant. Prévenus de mon projet de recherche, ils étaient prêts à m'accueillir pour me faire vivre en famille cette fête synonyme de joie (*simha*). C'est l'une des rares occasions où les femmes se rendent à la synagogue. D'ordinaire, elles sont retenues chez elles par toute la préparation des repas et la garde de leurs jeunes enfants – et elles n'ont pas l'obligation d'y aller pour prier.

Hadassa[128] m'emmène avec elle à la *shul*. De l'extérieur, le bâtiment n'offre aucun signe distinctif. Nous nous rendons par une porte de côté au premier étage, où se trouve la salle réservée aux femmes. Ce soir-là, exceptionnellement, la salle est pleine à craquer. Des enfants courent partout, et les femmes se pressent près du claustra pour entrevoir leurs maris et leurs fils qui dansent et prient dans la synagogue. Car comme par le passé, en tout cas le Moyen-Age (les spécialistes de l'Antiquité ont reconsidéré la question et admettent aujourd'hui les deux possibilités, séparation et mixité), les femmes sont dissimulées à la vue des hommes. *Mechitza* : séparation. C'est ainsi que l'on appelle les différentes formes de séparation dans les synagogues orthodoxes, parfois simplement une séparation des sièges, parfois un rideau, ou plus strictement, une cloison avec juste quelques ouvertures, comme c'est le cas dans cette *shul*.

---

[127] Sim'hat Torah : « joie de la Torah ». Cette fête célèbre la fin du cycle annuel de la lecture de la Torah et a lieu généralement en octobre.
[128] Le prénom a été changé.

Anachronisme ? Symbole d'iniquité entre hommes et femmes ? C'est souvent ainsi que nous le percevons, mais j'ai décidé d'oublier mes propres convictions et d'écouter ces femmes. Cette séparation leur semble nécessaire, afin que chacun puisse se concentrer sur sa prière, sans être détourné par la présence de l'autre. Et elles insistent sur l'égalité fondamentale réaffirmée dans les écrits bibliques :

> « Partout la Torah mentionne la sainteté du Peuple d'Israël, les femmes sont également incluses sur une base égale[129]. »

Mais surtout, la synagogue n'est pas le point central de leur vie, bien au contraire, c'est leur foyer qui est le cœur de la vie juive, et par extension, l'institution la plus importante, avant la synagogue. Voilà ce qu'elles m'affirment avec force. Faire de chaque foyer le lieu privilégié de la vie juive, c'est cela leur *mitsva*, le commandement auquel elles doivent obéir, pas l'obligation d'aller prier à la synagogue qui incombe aux hommes.

Une femme hassidique américaine, résidant à Monsey (Etat de New York) a créé un blog en 2005, *Kressel's Korner*, pour répondre aux interrogations des femmes juives, et voici ce qu'elle écrit à propos de la séparation entre les hommes et les femmes :

> « Nous pouvons voir que notre place dans la synagogue n'a pas d'importance pour l'office. De la même façon, la vue que nous pouvons avoir des rouleaux de la Torah n'est pas importante. Ce qui compte, c'est que nous établissions une connexion spirituelle avec les paroles de la Torah. Les femmes en ont la possibilité ; quand le cantor lit à voix haute *des passages de la Torah, nous devons lire dans nos exemplaires des Cinq Livres de*

---

[129] Rabbi Moshe Feinstein, *Igros Moshe, Orach Chaim* 4:49.

Moïse, en même temps que les hommes. C'est cela, la bonne manière de participer aux offices. Il n'est pas nécessaire de regarder l'office se tenir. Il vaut mieux se concentrer sur ses aspects non visuels. Laissez l'humeur des gens qui prient autour de vous élever votre âme. Vos prières peuvent atteindre le Ciel de n'importe quel lieu sur la Terre[130] ».

Dans l'ensemble de son blog, la jeune femme réévalue toutes les critiques qui portent sur la façon dont les femmes hassidiques participent à la vie de la communauté, et ses commentaires donnent toujours la même vision des « Filles du Roi » dont le rôle est premier et différent, sans que cela ne les confine à un statut inférieur – bien loin d'une vision égalitariste qui domine nos sociétés.

La question de la séparation entre hommes et femmes sur le plan rituel est régulièrement soulevée, mais suscite aujourd'hui une réponse bien plus affirmée des femmes orthodoxes qui rejettent les critiques et revendiquent leur différence. Ainsi, Elizabeth Kratz, rédactrice en chef du *Jewish Link of New Jersey*, s'insurgeait contre les « féministes » qui, selon elle, ne comprennent pas la position des femmes orthodoxes et dévalorisent leur statut, en y apposant le stigmate de l'infériorité. Séparation, martèle Elizabeth Kratz, ne signifie pas exclusion :

> « Lors de mes visites à la *shul* le Shabbat, je n'ai jamais cherché à me joindre à un *minyan* de femmes, car je préfère prier et méditer tranquillement. De même, j'appréciais, et j'apprécie toujours, la structure traditionnelle de l'office, je ne me suis jamais sentie exclue, car ce temps paisible et appréciable sert un but important. La *mechitza* me protège des regards extérieurs. La vue depuis le balcon dont jouissent les

---

[130] Beingjewish.com/kresel/. Traduction de l'auteur.

femmes dans de nombreuses synagogues orthodoxes me fascine ; je me sens puissante et bienveillante tandis que je regarde tranquillement les hommes qui accomplissent leurs devoirs religieux. C'est le *mesorah* (l'héritage) des femmes juives, et il m'appartient à moi aussi[131] ».

De même, différence et répartition des *mitsvot* appartiennent à la structure de la société orthodoxe, et ne signifient ni soumission ni inégalité :

« Je suis tenue à un certain nombre de *mitsvot* qui sont ma préoccupation première : être le pilier de ma famille, et procurer une base de Torah et de *mitsvot* aux enfants que j'ai le privilège d'élever. Pour moi, ces *mitsvot* ne sont pas mineures, ou moins importantes, ou moins égales que les *mitsvot* qui incombent aux hommes. Ma valeur en tant que femme est indépendante de la valeur des hommes. Et je ne crois pas que lire davantage la Torah mettra les femmes sur un plus grand pied d'égalité[132]. »

Dans la synagogue où j'assiste à l'office de Sim'hat Torah, certaines femmes ont à la main leur livre de prières, d'autres sont simplement dans l'écoute des chants qui montent vers nous.

Spectacle étonnant que tous ces hommes vêtus de magnifiques caftans de satin noir, coiffés d'un énorme chapeau de fourrure, entraînés dans une danse joyeuse en portant les rouleaux de la Torah ! Les frontières entre le passé et le présent disparaissent, cette *shul* pourrait être en Galicie, il y a deux siècles. La ferveur des fidèles est totale, dans le brouhaha ambiant chacun prie à sa manière, plongé dans la lecture d'un livre, ou chante en se balançant doucement… La communauté est une grande

---

[131] « Why Orthodox Feminists don't represent me », Elizabeth Kratz, *Haaretz*, 7 janvier 2015, haaretz.com
[132] *Ibid.*

famille où chacun a sa place, le vieil homme qui peut à peine marcher est soutenu par un homme plus jeune (peut-être son fils) pour être lui aussi dans la procession, un père circule dans la salle avec son bébé dans les bras… Des bonbons sont lancés à tous les enfants qui se précipitent pour les ramasser : l'allégresse s'est emparée de tous, petits et grands sont tous dépositaires de la Torah. Malgré la séparation entre les hommes et les femmes, je sens la fierté et le bonheur qui s'emparent de ces femmes à la vue de leurs maris et de leurs fils, et elles aussi célèbrent la Torah.

Nous retournons à l'appartement pour préparer la table. Hadassa pose le chandelier en argent sur la table recouverte d'une nappe blanche brodée. C'est elle qui allumera les bougies et prononcera la bénédiction. Hadassa assume avec fierté cette fonction. C'est elle qui d'une certaine façon apporte la bénédiction divine sur le foyer, par ses gestes et ses prières. Hadassa m'a longuement expliqué la répartition des rôles : la Torah, me dit-elle, définit strictement les différences entre les hommes et les femmes, et il ne faut pas y déroger. Si l'homme se doit d'étudier la Torah, la femme, quant à elle, transmettra les valeurs essentielles du judaïsme à ses enfants. D'ailleurs la loi ne dit-elle pas que l'identité juive se transmet par la mère ? C'est bien la preuve que la mère, l'épouse, est le pivot de la famille – et par extension, de la communauté. Mais reconnaître les différences et les accepter ne signifie pas corroborer l'idée d'une infériorité féminine, bien au contraire. Hadassa ose une image amusante : l'homme est la tête, et la femme, le cou. Et la tête va dans la direction que lui indique le cou…

Aucune frustration chez cette jeune femme de 32 ans, forte et déterminée, mère de sept enfants. Quand elle a rencontré son futur mari pour la première fois, elle connaissait sa valeur intellectuelle et spirituelle, grâce aux informations données par la *Shadchan*, mais également par ses parents qui étaient allés à Brooklyn s'enquérir sur la famille du promis, membre de la communauté Satmar. Convaincus que le jeune homme serait parfait pour leur fille, ils avaient organisé une rencontre. Hadassa m'affirme qu'à l'issue de leur première entrevue, elle savait qu'elle l'épouserait. Son mari est un homme très éduqué, professeur de religion dans une *yeshiva*. Le niveau social et intellectuel était sans aucun doute primordial pour la famille de Hadassa, qui appartient à la lignée du Hatam Sofer, figure prestigieuse du judaïsme européen au début du XIXe siècle.

La notion de mariage d'amour n'existe pas dans ces cercles. L'union d'un couple a pour visée la création d'une famille, sur des bases idéalement stables et harmonieuses, toujours au service de Dieu. L'harmonie repose sur le respect de l'autre et sur le partage de valeurs. Les sentiments d'amour et d'affection naissent au fur et à mesure de la vie commune. « Nous avions créé l'amour », écrit un Hassid, lorsqu'il prit conscience des sentiments qu'il éprouvait pour sa jeune épouse à la naissance de leur première fille. Attraction, attirance, ces mots n'ont pas cours dans le langage hassidique.

Cette conception du mariage et du couple est tout à fait étrangère à la modernité, mais, faut-il le rappeler, une modernité récente, qui a mis l'amour au cœur de la vie. Ce que rétorquent les femmes hassidiques, c'est que la base d'un mariage solide n'est pas la passion, mais bien la connaissance de l'autre et la certitude qu'il n'y aura pas de conflit sur les sujets fondamentaux, notamment l'éducation des enfants.

Ainsi, Hadassa a tout de suite affirmé à son fiancé sa volonté de faire éduquer ses futurs enfants dans des écoles Belz (où elle-même fut éduquée) – pour elle, garantie de qualité éducative. Son futur mari a accepté : aujourd'hui, cet ancien Satmar prie à la *shul* Belz située à côté de chez eux, et tous leurs enfants sont scolarisés dans le réseau éducatif Belz.

Hadassa insiste sur sa liberté et son indépendance : elle connaît les critiques qui sont généralement formulées contre le système hassidique, en particulier sur le statut de la femme, et elle réfute tous les arguments avec une conviction tranquille. Pour elle, c'est la condition dite « moderne » de la femme, qui dessert les femmes. Le nombre de divorces en atteste, qui plonge tant de femmes dans des situations matérielles précaires.

La Torah, me dit-elle, a veillé à ce que tout concorde pour garantir aux femmes une vie riche et fructueuse. Les règles de pureté – *nida* – en font partie. Car, m'explique-t-elle, en restreignant les rapports entre mari et femme, elles obligent à contrôler les instincts et elles permettent aux couples de durer. Hadassa a rédigé avec d'autres femmes Belz un traité sur les lois de la pureté familiale, qui a obtenu l'aval du *rebbe*. Cet enseignement est diffusé au sein de la communauté, et touche des centaines d'autres femmes hassidiques.

Sur ce thème également, le fossé culturel est immense. Hadassa a abordé le sujet de la *nida* spontanément, et en même temps avec beaucoup de retenue : elle m'explique que l'intimité est fondamentale, et que les enfants ne doivent jamais être témoins de l'affection qui lie les parents : aucun geste affectueux ne sera public. Mari et femme maintiennent une distance physique devant les enfants : ils ne se toucheront pas même la main. Pudeur ? Volonté de séparer complètement la vie conjugale de la vie familiale ? Le sujet est délicat. Hadassa accepte cette conduite, car c'est ce qu'elle a toujours connu.

Quand une grossesse s'annonce, elle dit simplement à ses enfants qu'un nouveau bébé va les rejoindre, une nouvelle bénédiction pour la famille. Et le bébé sera le bébé de chacun : la fille aînée de Hadassa, âgée d'à peine 12 ans, prend soin de la petite dernière (5 mois) avec le sérieux d'une petite maman. Hadassa qualifie joliment les relations de la fratrie de « baby therapy » ! L'arrivée régulière de nouveaux frères ou sœurs dans une famille régule les rapports de la fratrie, les responsabilise, et donne des familles remarquables par la conduite obéissante des enfants. On est frappés, quand on va au supermarché du quartier, de voir ces toutes jeunes filles accompagnées de leurs petits frères et sœurs, faire les courses dans le calme, gérant les plus jeunes avec efficacité. Un monde de règles donc, mais de règles consenties, approuvées, valorisées. Le statut de la femme ne pose aucun problème à Hadassa – bien au contraire. Elle gère son foyer avec autorité, et chacun participe, y compris son mari, qui lui aussi, va chercher les plats à la cuisine et débarrasse la table – autant pour les clichés habituels sur le machisme des Hassidim ! C'est un mari attentif, qui me vante avec fierté les talents de cuisinière de sa femme, un père affectueux, qui associe ses enfants à la joie de la prière…

Les enfants sont épanouis, vivants, et en même temps extrêmement respectueux. Lors d'un Shabbat passé dans cette même famille, j'ai pu apprécier la liberté qui leur était accordée – là aussi, un démenti des clichés sur la rigueur et l'intransigeance éducatives des familles. Par exemple, le jeune fils, âgé de 7 ans, se sentait fatigué, et a refusé d'accompagner son père à la synagogue. Aucune remontrance, ou insistance pour qu'il fasse l'effort d'aller prier à la *shul* : son père a emmené le fils aîné, et le cadet est resté à la maison. Les deux grandes filles, quant à elles, étaient invitées chez des amies, un peu plus loin dans la rue : elles sont sorties naturellement, avec pour seule consigne de rentrer à temps pour l'allumage des bougies du Shabbat. Un peu surprise par cette liberté à laquelle je ne m'attendais pas, j'ai posé la question à Hadassa, qui m'a répondu que c'était ainsi tous les Shabbat : les filles de la communauté s'invitaient à tour de rôle et les garçons n'allaient à la synagogue que s'ils le souhaitaient vraiment. Le Shabbat devient donc ce moment exceptionnel dans la semaine, un temps de pause et de joie, où chacun se retrouve à la fois libre et lié aux autres, dans les activités et la prière.

Une fois chacun rentré, Hadassa procède à l'allumage des bougies, et prie en silence, le visage enfoui dans les mains. Elle m'a expliqué que ce moment était *son* moment, pendant lequel elle priait pour ses enfants, son mari, sa famille, le moment où elle était la reine du foyer – après la prière, chaque enfant vient la voir, elle les bénit en leur souhaitant un « gut Shabbes » (bon Shabbat), et les petits lui embrassent la main en signe de respect.

Le repas qui suit est une démonstration de la ferveur et du bonheur qui animent parents et enfants. Chants, prières sur chaque plat… Les enfants sont les rois, rient beaucoup, s'agitent beaucoup, mais connaissent par cœur leurs prières et les récitent avec une aisance stupéfiante. De temps en temps, un petit s'installe sur les genoux du père, qui le fait sauter tout en chantant, à sa grande joie.

Hadassa est fière de sa famille, fière des compliments que lui fait son mari, de l'amour que lui témoignent ses enfants. Nous sommes loin de l'image de la femme asservie !

Passer ces instants avec Hadassa et sa famille m'a donné une vision de la vie hassidique aux antipodes des récits que j'ai pu lire. Bien évidemment toutes les familles ne sont sans doute pas comme celle-ci, et il ne faut pas généraliser à partir d'un cas, mais le contact direct avec les gens nous permet d'apprécier, sans théoriser en permanence, ce que vivre comme un Hassid signifie.

J'ai rencontré d'autres jeunes femmes, qui enseignent la religion dans leur communauté. Car si les femmes n'ont pas l'obligation d'étudier la Torah, elles consacrent beaucoup de temps à étudier les règles qui régissent la vie religieuse, à réfléchir sur le sens de leur mission. J'ai assisté à deux ateliers organisés par une femme hassidique, l'un sur la prière – comment grandir par la prière, l'autre sur *Birkat HaMazon* (action de grâces après le repas). Les femmes de tous âges qui assistaient à ces sessions venaient de milieux différents, n'étaient pas toutes des femmes hassidiques. Mais elles démontraient toutes la volonté de s'instruire, et d'aller plus loin dans leur cheminement spirituel : sortir du « mécanique », retrouver le sens des gestes, des rituels, réfléchir, afin de maîtriser les symboles et renforcer sa foi.

L'enseignante a un groupe de travail d'une trentaine de femmes, qui se réunissent tous les dimanches soir, et intervient régulièrement dans d'autres séminaires, comme les séances auxquelles j'ai assisté. Ce qui apparaît clairement est que les femmes ont un rôle actif également dans la formation religieuse de leurs enfants, et elles vont approfondir leurs connaissances et réflexions dans le cadre d'ateliers de ce type. Chaque fille reçoit un enseignement religieux à l'école, et est capable, à la fin de sa formation secondaire, d'enseigner à son tour. Les femmes ne sont pas – ne sont plus – exclues des matières spirituelles. L'obligation d'éducation a transformé leur place dans la communauté, et également le regard que pouvaient porter sur elles des hommes plus réticents à leur accorder un rôle actif dans le groupe.

Les femmes exercent notamment les fonctions d'enseignantes, à la fin de leurs études secondaires. Les matières profanes sont confiées à des professeurs venus de l'extérieur : les écoles juives privées doivent respecter les contraintes imposées par le ministère de l'éducation et embaucher du personnel certifié pour l'enseignement du socle commun (mathématiques, histoire, français). La formation des enseignantes dans les écoles de filles est parfois minimale, sauf dans le cas des écoles Loubavitch. En effet, comme nous l'avons vu précédemment, les Loubavitch placent une grande importance dans l'éducation, et permettent notamment à leurs membres de fréquenter l'université.

« SHEKINAH : THE INTIMATE LIFE OF HASIDIC WOMEN» (SHEKINAH: LA VIE INTIME DES FEMMES HASSIDIQUES) ET LE BMC

Il est une expérience de formation pédagogique intéressante qui a démarré il y a quelques années : le collège BMC.

A 100 km au nord de Montréal, dans une petite ville du nom de Ste Agathe-des-Monts, se trouve un petit établissement installé discrètement sur la rue principale : il s'agit du collège *Beis Moshe Haim*, institut de formation de femmes professeurs de la communauté Loubavitch, qui délivre un diplôme accrédité par le ministère de l'éducation du Québec.

Le BMC est devenu célèbre à l'automne 2013, grâce à la diffusion d'un documentaire, *Shekinah The intimate life of Hasidic Women*, du réalisateur Abbey Jack Neidik. Ce film est une innovation, car nous sommes davantage habitués à des documentaires sur les jeunes Hassidim qui quittent leur communauté, comme par exemple, *Leaving the Fold* (« Quitter le bercail »). Abbey Jack Neidik a mis trois ans pour accomplir son travail. Il a suivi avec attention les 30 pensionnaires du séminaire, fondé et dirigé par la *rebbetzin* Chana Carlebach, une femme portée par une ferveur et une sérénité peu communes.

Chana Carlebach a créé cette école en 2001, après la mort de son sixième enfant à l'âge de trois mois : le séminaire porte son nom, Moshe Chaim, et est « un hommage éternel à sa mémoire ». La mission de ce séminaire est de « former les éducatrices et leaders d'aujourd'hui et de demain ». Si l'on peut être étonné du fait que Chana Carlebach ait ouvert les portes du séminaire à une équipe de cinéma, elle l'explique tout simplement, en déclarant : « le *Rebbe* a toujours insisté sur le fait que notre mission c'est d'agir et sensibiliser. La Torah renferme un message pour tous – Juifs et non Juifs. Nous avons tous besoin les uns des autres pour construire un monde meilleur [133]».

La productrice exécutive du film, Monika Lightstone, elle-même *ba'alat teshouva*, (c'est-à-dire revenue à la religion), voulait écrire une histoire sur « le pouvoir de la féminité hassidique et sur la *shekhinah* » - la présence féminine de Dieu.

En fondant son séminaire, Chana Carlebach souhaitait à la fois renforcer l'identité juive hassidique et former des éducatrices qui sauraient transmettre cette identité : « La mission spirituelle du Séminaire est de

---

[133] *The Times of Israel*, 1ᵉʳ novembre 2013.

nourrir chez ses étudiantes une identité juive et hassidique forte, et un amour pour leur héritage juif et hassidique, le désir de transmettre cette conscience en tant qu'éducatrices et de développer leurs capacités et confiance afin de communiquer avec des Juifs de toutes tendances qui reviennent à leurs racines spirituelles ».

Shekinah n'est ni intrusif, ni indiscret. Au contraire, Neidik observe avec bienveillance ces jeunes filles tout juste sorties du lycée, qui vont vivre un ou deux ans dans ce séminaire pour se préparer à leur futur rôle dans la communauté. Chacune d'elles explique son cheminement, la certitude de ses convictions. Ce sont des jeunes filles modernes, coquettes, éduquées, qui souhaitent vivre en accord avec leur foi, et rejettent l'idée selon laquelle elles subiraient une quelconque discrimination par rapport aux garçons. Monika Lightstone l'affirme, « ces jeunes filles sont pleines de vie. Elles sont intelligentes et franches. Elles ne sont pas réprimées ».

Elles comparent avec lucidité la condition des femmes dans la société séculière, avec les problèmes de divorce, d'instabilité sentimentale, et au bout du compte, de solitude, et mettent en avant la protection que leur offre un foyer religieux, dans lequel elles seront reines.

Neidik a filmé une rencontre entre de jeunes lycéennes de Ste Agathe, et les pensionnaires du séminaire. C'est un moment étonnant que le cinéaste a saisi, où les jeunes lycéennes découvrent avec stupeur que les jeunes juives sont « tellement belles » et confiantes… Elles expriment leur surprise devant la séparation des sexes et l'acceptation de ces jeunes filles à être mariées à de jeunes hommes dont elles n'étaient pas amoureuses, mais concèdent que leur propre liberté n'est pas toujours un avantage. « On est trop libres », dira l'une d'entre elles. Cette confrontation entre jeunes filles du même âge, mais évoluant dans des univers totalement opposés révèle autant sur l'un et l'autre groupe.

Chacune de ces jeunes filles est une petite étincelle de la grande lumière hassidique : elles ont un rôle à jouer, comme tout Loubavitch. « Le Rabbi nous a tous investis d'une mission : faire du monde un endroit meilleur et un endroit saint, un monde digne de l'avènement messianique tout proche », lit-on sur les brochures du groupe.

Cette mission, les jeunes filles l'accompliront une fois mariées, car les hommes Loubavitch doivent effectuer un temps d'enseignement à l'étranger : le groupe est prosélyte, et s'attache à faire revivre le judaïsme partout dans le monde. La *rebbetzin* (femme du rabbin) jouera alors un rôle fondamental dans la communauté. « Allez au-delà de votre zone de confort ! Surmontez vos inhibitions et prenez les commandes ! C'est ce que votre *rebbe* attend de vous[134] ». Tels sont les conseils dispensés par les responsables du mouvement lors des rassemblements annuels.

Les étudiantes filmées dans le documentaire sont ces nouvelles « Filles du Roi », célébrées par la photographe italienne Federica Valabrega[135]. Les « Filles du Roi » sont, selon la photographe, les « femmes qui portent les enfants de la Torah », « les piliers de la tradition juive ». De Crown Heights (à Brooklyn), à Mea Shearim (Jérusalem) et Lyubavichi (Bélarus), Federica Valabrega restitue toute la force spirituelle de ces femmes, la beauté dans leur quotidien, et la sérénité des visages nous permet d'entrevoir cette étincelle si particulière aux femmes hassidiques.

---

[134] Barbara Sofer, « Les femmes Loubavitch quittent leur zone de confort », *The Jerusalem Post*, 12 mars 2013.
[135] www.federicavalabrega.com

De la même manière, *Shekinah* offre une incursion presqu'intime dans le monde hassidique. Neidik et Lightstone voulaient briser les stéréotypes, le pari est réussi.

J'ai pu rencontrer la *rebbetzin* Chana Carlebach et quelques-unes de ses étudiantes.

Chana Carlebach est la femme du rabbin de la congrégation House of Israel de Sainte Agathe-des-Monts. Née à New York, elle s'est établie au Québec après son mariage avec le rabbin Emanuel Carlebach, un Montréalais. Avant la fondation de ce séminaire, elle enseignait déjà à Montréal. Le désir de transmettre, le plaisir de former de jeunes esprits, ont toujours été le moteur d'action chez cette femme dynamique et communicative, mère de treize enfants. Elle me parle de son bébé, Moishe Chaim, né le 9 septembre 1999, et décédé trois mois plus tard, de la mort subite du nourrisson. Quel sens donner à la vie si courte de cet enfant ? Car pour les Loubavitch, rien n'est dû au hasard. La symbolique de cette naissance, conjonction du chiffre 9, le poids-même du bébé – 9 livres 9 onces – a poussé les parents à déchiffrer ce bref passage sur terre comme un message pour agir : faire le bien, apporter un plus aux autres. Le chiffre 9 symbolise dans la Kabbale la vérité. Le rabbin Carlebach avait déclaré que « la véritable essence de la vérité était dans la continuité – à savoir, les enfants ». Et le multiple de 9 – 18 – que l'on obtient en additionnant les deux chiffres du poids du bébé, correspond à la valeur numérique du mot « haim » : la vie. Chana Carlebach a souhaité prolonger la vie de son enfant à travers de bonnes actions, et a créé cette école qui porte son nom.

Les Laurentides[136] lui semblaient être le lieu parfait pour cet établissement : la tranquillité est un élément favorable à la poursuite des études, et l'intégration à une petite communauté, plus aisée que dans un environnement citadin effervescent. Et Sainte-Agathe est un lieu de villégiature fort prisé des Juifs montréalais, qui viennent y passer l'été depuis plus d'un siècle.

La devise du séminaire est, « Découvrez qui vous êtes, motivez les autres pour construire ensemble un monde meilleur ». Le séminaire BMC est bien implanté à Sainte Agathe-des-Monts. Dans un effort de contact avec la population de la ville, intriguée au début par la présence de ces jeunes filles « qui portent des jupes longues » (ainsi les caractérise-t-on), les étudiantes distribuent chaque semaine des *challot* (pains du Shabbat) et une newsletter en français, qui informe les habitants sur les fêtes juives, et les activités du séminaire. Le retour est extrêmement positif : chacun ici salue l'implication des membres de l'école, leur générosité et leur ouverture à l'autre. En 2011, pour les dix ans du centre, la mairie de Sainte-Agathe a accordé la récompense de « leadership » à Chana Carlebach.

La reconnaissance unanime des autorités de la ville et de ses habitants vient clore un sujet douloureux : en 2008 des incidents troublèrent la communauté. Un jeune juif de Montréal avait été agressé le 16 août dans une rue de Sainte-Agathe par un groupe d'adolescents. Si cette attaque antisémite restait un acte isolé, elle suivait des conflits judiciaires entre les Juifs hassidiques et les municipalités de Val-Morin et Val-David dans les Laurentides, au sujet d'infractions au règlement de zonage pour la construction d'une synagogue et d'un *mikveh* installés sur des zones résidentielles, en contravention à la

---

[136] Région au nord de Montréal.

loi. C'est dans ce climat de tensions entre Juifs et non-Juifs qu'une jeune professeur du séminaire BMC, Hana Sellem, décida d'inviter tous les habitants de Sainte-Agathe à son mariage, célébré en plein air, le 3 septembre 2008. Ce geste de générosité a plus fait pour le vivre-ensemble que tout discours. Le député libéral de la province, Lawrence Bergman, personnellement invité au mariage, avait salué cette initiative, déclarant, « en apprenant nos différences, celles-ci deviennent nos forces ».

Les étudiantes du séminaire BMC viennent de tous les pays. Cette année, elles sont quinze à avoir rejoint le séminaire. Parmi elles, des Françaises, des Américaines, et des Canadiennes ou Sud-Africaines. Plus de 300 jeunes filles ont été formées au centre BMC depuis sa création. Elles seront habilitées à enseigner dans des écoles de la première à la huitième année. Certaines reviendront enseigner au séminaire, après leur diplomation.

C'est le cas de Haya, jeune Française, qui avait quitté la région parisienne pour étudier à Sainte-Agathe, puis à la fin de son cursus, avait séjourné une année en Chine, et avait ensuite choisi d'enseigner dans son ancienne école. Après deux ans passés comme professeur au séminaire, elle était repartie en France pour se marier avec un jeune scribe newyorkais. Elle partira sans doute vivre à Jérusalem, où elle espère pouvoir continuer à enseigner. Cette trajectoire est assez typique de la vie des jeunes femmes Loubavitch, et vient contredire tout ce qui est dit sur l'univers clos et infériorisant des milieux ultra-orthodoxes. Que ce soit Chana Carlebach, Hana Sellem ou Haya, les jeunes femmes expriment la conviction que la Torah exige le respect absolu de la femme, et oblige les hommes à accorder une place primordiale à leurs épouses. Elles occupent cette place avec bonheur et efficacité, et leurs accomplissements reflètent tout à fait cette lecture des textes.

Chaque année, des émissaires Loubavitch se rassemblent, hommes et femmes séparément, et les femmes n'ont rien à envier à l'activisme de leurs conjoints :

> « Chacune des participantes du Kinous[137] s'est engagée – et advienne que pourra ! – à servir le peuple juif, où qu'il soit. Demandez à n'importe laquelle d'entre elles combien de temps elle restera au poste qu'elle occupe, et elle vous répondra « Jusqu'à la venue du messie ! ». Et que personne ne vienne affirmer qu'elles ne sont que de fragiles épouses qui suivent passivement leur mari [138]. »

Le hasard a fait que l'une de mes étudiantes en Master à Paris ait suivi le séminaire de Chana Carlbach il y a quelques années. Aujourd'hui mariée et mère de deux enfants (bientôt trois), Adèle ressemble tout à fait aux jeunes femmes décrites dans l'article que je viens de citer : avide de connaissances, volontaire, habitée par la foi, et convaincue que son rôle n'est pas limité à être l'épouse de son mari. Elle est d'ailleurs enseignante dans le primaire. Une jeune femme moderne, malgré sa perruque (indiscernable) et ses jupes un peu longues… Le monde hassidique n'est pas réductible à des images préconçues.

---

[137] *Kinous* : mot hébreu qui signifie congrès, rassemblement.
[138] Barbara Sofer, « Les femmes Loubavitch quittent leur zone de confort », *The Jerusalem Post*, 12 mars 2013.

UNE PLACE ÉMINENTE DANS LA CITÉ

L'évolution du rôle des femmes a connu son apogée avec l'entrée en politique de Mindy Pollak, première femme hassidique à être élue le 3 novembre 2013 conseillère municipale d'Outremont pour quatre années.

Photo : *projetmontreal.org*

Mindy Pollak est née à Montréal, d'un père canadien (né à Montréal également) et d'une mère anglaise (née à Londres)[139]. Agée de 25 ans, Mindy appartient au groupe Vishnitz et est encore célibataire. Elle travaille comme esthéticienne, et je dois avouer que le choix de cette profession m'avait surprise, ce que je ne manquais pas de lui dire lorsqu'elle m'a reçue dans son bureau à la mairie. Mais Mindy était encore plus surprise par ma réaction : en effet, sa tâche, me dit-elle, est de faire en sorte que les femmes se sentent bien, profitent de moments de relaxation bien méritée… Le maquillage n'est

---

[139] Entretien avec l'auteur, 5 janvier 2014.

pas interdit, même s'il doit demeurer discret. C'est essentiellement une question de tradition établie par les mères dans leur propre famille. Certaines se maquillent, d'autres non –aucune contradiction avec les canons de la modestie – encore un cliché détruit !

Mindy est donc entrée dans l'arène politique, mais par engagement communautaire au sens large – à l'échelle de son quartier, pas de son groupe – et non idéologique. Projet Montréal, le parti qu'elle a rejoint, lui semblait être le plus près de ses préoccupations sur le plan local. Projet Montréal est un parti récent, fondé en 2004 par Richard Bergeron. Son programme est essentiellement axé sur le développement économique et culturel de Montréal, avec le souci de respecter l'écologie et le bien-être de ses habitants.

Mindy s'est présentée aux élections avec l'assentiment de la communauté hassidique, même si certains objectaient à la candidature d'une femme. Mais comme elle me l'a expliqué, elle remplissait une condition essentielle : elle parle français et anglais, ce qui est assez rare dans la communauté. D'autre part, il semblait qu'une femme était mieux placée pour communiquer avec les autres habitants : comme je l'indiquais précédemment, la visibilité des hommes hassidiques suscite souvent de l'hostilité. Une jeune femme, jolie et souriante, correspondait davantage aux critères de relations publiques ! Ce qui explique les nombreux soutiens dont Mindy a disposé, non seulement parmi les femmes, qui se sont révélées tout à fait enthousiastes à son égard, mais également parmi les hommes, qui ont salué la présence aux responsabilités politiques de l'une des leurs. Elle me décrit sa campagne électorale avec grande satisfaction : dans la rue, les femmes l'interpellaient pour lui souhaiter bonne chance, et lui parlaient des changements qu'elles souhaiteraient voir dans leur quartier. C'était la première fois qu'elle voyait des femmes intéressées par la politique, me dit-elle.

L'une de ses préoccupations est d'effacer les clichés qui circulent au sujet des femmes de la communauté hassidique, casser les stéréotypes : une femme peut travailler, n'est pas soumise à son mari, et joue un vrai rôle.

Elle envisage sa tâche comme essentiellement dirigée vers le positif : encourager le dialogue, familiariser les non Juifs avec le mode de vie des Hassidim, travailler pour l'intégration de la communauté. Et bien sûr, être au service de tous les habitants d'Outremont, qu'ils soient juifs ou pas. Il faut souligner que l'élection de Mindy Pollak a été une nette victoire (860 votes contre 692, 35% contre 28%) sur son adversaire, Pierre Lacerte – notoirement et violemment anti-Hassidim – et a démontré que la cohabitation entre la communauté franco-canadienne et les Hassidim était moins difficile que les médias le laissaient entendre. Je reviendrai dans mon dernier chapitre sur cette question qui agite certains cercles.

Mindy Pollak, Chana Carlebach, Hadassa, et bien d'autres, ces femmes hassidiques démontrent par leurs actions que les communautés hassidiques sont plus ouvertes qu'il n'y paraît. Même si le système reste patriarcal, les femmes ne sont pas soumises et reléguées à une position inférieure – elles participent activement à la vie des groupes, et revendiquent une place qui est en définitive cruciale pour le maintien du Hassidisme tel qu'il est voulu par des individus nourris par la tradition et la conviction que le judaïsme ne se pratique pas que dans les synagogues. Mais comme dans tout groupe très traditionnaliste, certaines jeunes filles n'acceptent pas toutes les règles et quitteront leur communauté. Leur nombre reste inconnu, mais en toute vraisemblance, il n'est pas très élevé à Montréal, tout simplement parce qu'elles jouissent d'un confort spirituel qui compense l'envie de liberté débridée. Dans les cas où elles quittent leur famille, il n'y aura pas nécessairement coupure totale – contrairement à ce qui est décrit dans tant de romans. Le documentaire « Leaving the fold » suit ces jeunes gens qui ont quitté la communauté hassidique, mais n'en ont pas été bannis et continuent à rendre visite à leurs parents et amis. J'insiste à nouveau sur ce point : Montréal n'est pas Jérusalem, les Hassidim de Montréal ont absorbé – consciemment ou pas – la modernité canadienne.

CHAPITRE 5

LOUBAVITCH – CHABAD

« L'esprit gouverne le cœur »
Shneour Zalman de Liadi, *Tanya*.

Chabad : Chochma, Binah, Da'at : la sagesse, la compréhension et la connaissance

Chabad est le deuxième nom sous lequel sont connus les Loubavitch. Ils définissent eux-mêmes Chabad-Loubavitch comme « une philosophie, un mouvement et une organisation[140] ».

Il me semble important d'étudier la place des Loubavitch à Montréal, car ces Hassidim ont une position dans la société bien différente des autres groupes. Cela est dû à la volonté du dernier *rebbe*, Menachem M. Schneerson, qui a souhaité donner une mission d'éducation et de transmission à ses disciples. Ramener les Juifs non Hassidiques vers une pratique religieuse traditionnelle est aussi dans leurs objectifs, ils vont donc vivre dans des lieux plus mélangés en termes de population, comme c'est le cas à Montréal, où ils se sont installés dans le district Snowdon/Côte St Luc, un quartier

---

[140] Chabad.org

marqué par la diversité culturelle. Les implications de ces choix sont nombreuses, aussi bien au niveau du réseau international des Loubavitch que dans le domaine des relations avec le monde non Juif.

Bien que partageant de nombreuses caractéristiques avec les autres groupes hassidiques, les Loubavitch insistent sur l'importance de la connaissance, qui doit primer sur l'émotion. Mais l'émotion est un facteur important – tout n'est pas dans le rationnel, bien au contraire. La Kabbale est pour eux une source importante d'inspiration : l'univers renferme des mystères que l'esprit humain ne peut déchiffrer, mais qui imprègnent nos vies. Si le sens nous échappe, il n'en est pas moins l'une des clés qui sous-tendent les événements marquants de l'existence.

Menorahcycle.com

Menorahcycle.com

Les Loubavitch sont à la fois les moins « visibles » des Hassidim, et les plus vus par le monde extérieur. Les immenses *Menorot*[141] qu'ils installent au moment de Hanoucca[142] sont familières des habitants de toutes les grandes villes dans le monde. Et il est difficile de trouver plus pittoresque que ce Loubavitch sillonnant les rues de Montréal avec son vélo-*menorah* en forme de toupie (*dreidel* [143]) !

Ils sont d'ailleurs parfois considérés comme trop modernes par les autres groupes. Pas de *shtreimel*, mais un fedora (chapeau en feutre noir), porté sur la kippa en velours. Pas de bas blancs sur le pantalon, pas de longs

---

[141] *Menorah* (pluriel *menorot*) : chandelier à huit branches utilisé pour la fête de *Hanoucca*.
[142] *Hanoucca*: fête des Lumières
[143] *Dreidel*: mot yiddish significant « toupie », l'un des jeux auxquels les enfants jouent pendant *Hanoucca*.

caftans, mais de simples costumes noirs, toujours boutonnés de droite à gauche : le côté droit représente la grâce divine, le côté gauche, le jugement sévère de Dieu[144]. Chacun souhaite voir la grâce l'emporter sur le jugement... S'ils ne portent pas de *peyes (*papillotes), ils gardent une longue barbe, laquelle, associée aux autres vêtements, permet de les identifier comme des Juifs orthodoxes, mais les distingue des autres Hassidim, plus attachés au respect de la tradition ultra-orthodoxe polonaise du XVIIIe siècle.

Les Hassidim de Loubavitch sont probablement les plus connus du monde juif et non juif. Arrivés aux Etats-Unis en 1941, guidés par le sixième *rebbe* Loubavitch, le Rabbin Yosef Yosef Yitzchak Schneersohn (1880-1950) puis par son gendre, le Rabbin Menachem Mendel Schneerson, simplement connu sous le nom « Le Rebbe », ils sont aujourd'hui présents sur tous les continents et se sont attribués la mission de ramener vers le judaïsme les fidèles « égarés », car ils sont convaincus qu'en chaque Juif survit « une étincelle de foi juive authentique [145] » (*dos pintelle Yid*) et que « nous devons faire un effort pour atteindre tout Juif sans regarder sa situation présente. Il s'améliorera sûrement, car « Celui qui a créé tous les cœurs de manière semblables » a promis que « aucun d'entre nous ne sera éternellement banni[146] ». Mission universelle, qui changera le monde :

---

[144] Henry Goldschmidt, «Suits and Souls, Trying to Tell a Jew When You See One in Crown Heights», in *Jews of Brooklyn*, eds. Ilana Abramovitch and Sean Galvin, Hanover, NH, Brandeis University Press and the University Press of New England, 2002.
[145] Ira Robinson and Mervin Butovsky, *Renewing Our Days, Montreal Jews in the 20th Century*, Montréal, Véhicule Press, 1995.
[146] Rebbe Schneerson, cité par Arlette Corcos, *Montréal, les Juifs et l'école*, éditions du Septentrion, 1997, p.189.

> « Le Rabbi nous a tous investis d'une mission : faire du monde un endroit meilleur et un endroit saint, un monde digne de l'avènement messianique tout proche[147]. »

Voici ce qu'affirment les Loubavitch. La notion de *tikkun olam* – réparer l'univers – est centrale à leur démarche : chaque action compte, la participation de tous apporte une pierre à l'édifice de rédemption. Et l'éducation est le pivot de ces entreprises, comme l'expliquait l'un des fondateurs de la *yeshiva* montréalaise Tomche Tmimim (le séminaire de formation rabbinique) et son directeur pendant 58 ans, le rabbin Leib Kramer :

> « Tout le but de l'éducation, toute la philosophie des Loubavitch, c'est que, si vous arrivez dans un lieu, dans un pays qui n'est pas votre pays, vous avez été envoyé par le Tout-Puissant pour une raison, et la raison, c'est que vous ne devriez pas seulement chercher la sécurité pour vous, vivre en paix… la raison, c'est d'apporter à votre voisin, à toute la communauté juive, l'esprit de ce qui est juste [148]. »

Chaque année des émissaires sont formés et envoyés dans le monde entier : comme le titrait un journal newyorkais, « le soleil ne se couche jamais sur l'empire Chabad[149] ». Budapest, Prague, toutes ces villes qui avaient vu disparaître leurs communautés juives connaissent une renaissance dynamisée par la présence de rabbins Loubavitch. Le dernier rassemblement des émissaires, *Kinus HaShluchim*, s'est déroulé à Crown Heights en octobre 2013. 4 000 *shluchim* (émissaires), venus de 81 pays, y participaient. En février 2013, c'était 1700 femmes qui se rassemblaient à Crown Heights pour leur *Kinus*. Le *Kinus* est organisé autour de l'anniversaire

---
[147] Chabad.org
[148] Rabbin Leib Kramer. Cité par Arlette Corcos, *op. cit.*, p.43.
[149] *The Jewish Week*, 30 octobre 2013.

hébraïque du décès de Haya Moushka Schneerson, l'épouse du *rebbe* Menachem Mendel Schneerson. Depuis 25 ans, les femmes Loubavitch commémorent son souvenir. On compte plus de 3300 institutions Loubavitch dans le monde.

Les Loubavitch sont animés par une véritable vénération de leur *Rebbe*, décédé depuis vingt ans maintenant, mais dont l'esprit continue à les inspirer. Une campagne d'affichage a eu lieu à Montréal en juillet 2014, dans les abris bus de la ville.

Poster du Rebbe Schneerson sur un abri bus à Montréal en 2014. Et la même campagne en août 2015. Photos de l'auteur

Le visage bienveillant du *Rebbe* est un message d'espoir et de foi. Ses écrits sont respectés, et utilisés par ses disciples jour après jour. Lorsqu'un problème se pose, ils consultent ses *Igros Kodesh* – Lettres sacrées, parole vivante de leur guide spirituel. Le message délivré est constant : « la mission et le but généraux de tout homme et toute femme juifs dans le monde sont de servir leur Créateur... Toute action devrait se faire avec une dévotion sincère, un cœur généreux et dans la joie[150] ».

Cette mission s'incarne notamment dans la volonté de devenir éducateur. Car l'éducation est un point central de leur dynamique. Les Loubavitch valorisent en effet la connaissance, sans crainte de voir le religieux miné par le profane. Fait tout de même unique : le Président Ronald Reagan décida à deux reprises de célébrer les accomplissements du *Rebbe* Schneerson. Le 25 mars 1983, tout d'abord, puis le 20 avril 1986, jour de l'anniversaire du *Rebbe*, furent proclamés « Education Day, USA ».

Voici le texte[151] de la résolution 582 adoptée par le Congrès :

Résolution conjointe pour désigner le 20 avril 1986 comme « Journée de l'Education, Etats-Unis »

« Attendu que le Congrès reconnaît la tradition historique des valeurs et principes éthiques qui sont la base d'une société civilisée et sur lesquels notre grande Nation fut fondée ;

Attendu que ces valeurs et principes éthiques sont le socle de la société depuis l'aube de la civilisation, lorsqu'ils étaient connus comme étant les Sept Lois Noachides ;

Attendu que sans ces valeurs et principes éthiques l'édifice de la civilisation se trouve confronté au sérieux péril de retourner au chaos ;

---

[150] Lettre du *Rebbe* Menachem M. Schneerson aux étudiantes du séminaire BMC de Ste Agathe-des-Monts, 22 Tammuz 5728 (18 juillet 1968).
[151] Traduction de l'auteur.

Attendu que la société est profondément concernée par l'affaiblissement de ces principes qui a engendré des crises menaçant le tissu même de notre société civilisée ;

Attendu que la préoccupation justifiée vis à vis de ces crises ne doit pas faire perdre de vue aux citoyens de cette Nation leur responsabilité dans la transmission aux futures générations de ces valeurs éthiques historiques issues de notre glorieux passé ;

Attendu que le mouvement Loubavitch a nourri et promu ces valeurs et principes éthiques à travers le monde ; et

Attendu que le Rabbin Menachem Mendel Schneerson, leader du mouvement Loubavitch est universellement respecté et révéré et que son 84ème anniversaire tombe le 20 avril 1986 : par conséquent, il est décidé par le Sénat et la Chambre des Représentants des Etats-Unis assemblés en Congrès, que le 20 avril 1986, jour anniversaire du Rabbin Menachem Mendel Schneerson, leader et dirigeant du mouvement mondial Loubavitch, sera désigné « Journée de l'Education, Etats-Unis ». Il est requis du Président qu'il émette une proclamation demandant aux Etats-Unis d'observer ce jour avec les cérémonies et activités appropriées ».

Le président et le Congrès américains affirmaient ainsi les lois bibliques comme étant le fondement de la civilisation occidentale, et attribuait au judaïsme, par l'hommage rendu au *Rebbe* Schneerson, un rôle essentiel de guide spirituel et philosophique indispensable au maintien des valeurs morales fondatrices et à la survie des sociétés héritières de ce système. La journée de l'Education n'a été célébrée que six autres fois aux Etats-Unis (la dernière fois en 1994) – la reconnaissance par le Président Reagan du rôle moteur joué par le *Rebbe*

Schneerson apparaît d'autant plus exceptionnelle, et cet hommage était sans précédent.

Reagan était un homme de foi et avait une profonde admiration pour le *Rebbe* Schneerson, notamment parce que le *Rebbe* croyait que l'Amérique avait un rôle moral à jouer dans le monde. Comme il le disait dans une lettre au Président, « plus que jamais, le monde civilisé aujourd'hui se tournera vers les Etats-Unis pour le guider, comme le requiert le fait d'être la première Super Puissance au monde – pas simplement au sens ordinaire du terme, mais ce qui est plus important, une Super Puissance morale et spirituelle, dont la force réelle vient d'un engagement sans faille envers le code moral universel des Dix Commandements[152] ».

A plusieurs reprises, Ronald Reagan lui avait adressé des messages de félicitations, pour ses anniversaires, ou en d'autres occasions. A chaque fois il soulignait l'importance de son engagement spirituel, source d'inspiration pour tous les Américains. Dès 1982 il avait engagé le Congrès à marquer le 80ᵉ anniversaire du *Rebbe* comme « Journée de la Réflexion ». Dans ce texte, il mentionnait déjà les sept lois noachides, « code moral pour tous, quelle que soit la foi religieuse ». La lettre personnelle qu'il envoya au *Rebbe* est particulièrement frappante par l'admiration affichée :

« Vous avez tant de motifs d'être fier. Depuis vos premiers moments aux Etats-Unis en 1941, vous avez partagé votre don de compréhension universelle pour le bénéfice de tous. Encore et encore, votre amour, votre accompagnement spirituel, ont apporté espoir et inspiration à ceux confrontés au désespoir. En apportant consolation et réconfort à l'esprit humain, vous avez aidé à

---

[152] *Rebbe* Schneerson, lettre du 25 Nissan 5742 (18 avril 1982). Chabad.org

renforcer la fondation de la foi qui est l'atout le plus vital de l'humanité. Le travail de votre vie est une réponse à cet appel spécial que peu ont le privilège d'entendre... Votre travail est le rappel que la connaissance est un but sans valeur si elle n'est pas accompagnée par la sagesse et la compréhension morales et spirituelles. Comme c'est le cas pour tous les grands leaders, vous avez donné bien plus que vous ne recevrez jamais ».

Le *Rebbe* Schneerson avait des émissaires auprès de la Maison Blanche mais évita, tout au long de sa vie, de marquer un engagement politique quel qu'il soit. Ses relations avec le Président Reagan demeurèrent épistolaires, même si de toute évidence il y avait une compréhension et une admiration mutuelles certaines.

Avec le Président Reagan. Chabad.org

Avec le Président Reagan. Chabad.org

D'autres hommes politiques ont partagé cette admiration pour le *Rebbe* Schneerson, ce qui devait se traduire par l'octroi d'une prestigieuse récompense – accordée à titre posthume en 1994, quelques mois après sa mort : la médaille d'or du Congrès. Cette médaille est la plus haute récompense pour un civil, et le *Rebbe* Schneerson est le seul rabbin à l'avoir obtenue – et le deuxième représentant religieux – de toute l'histoire des Etats-Unis. C'était une nouvelle fois la reconnaissance de l'influence du *Rebbe*, bien au-delà du cercle des Juifs orthodoxes. Et la liste est longue des personnalités qui ont rencontré et rendu hommage à un homme de stature indubitablement exceptionnelle – pour n'en citer que deux, Lech Walesa, l'ancien président polonais, et Luis Alberto Lacalle, ancien président de l'Uruguay.

Le caractère exceptionnel du *Rebbe* Schneerson a permis à de nombreuses communautés de se développer à travers le monde. Elles connaissent un attrait exceptionnel et prennent racine dans des sociétés modernes et laïques, comme la France par exemple.

A Montréal on note une augmentation significative du nombre de Loubavitch : en 1996, il y avait 450 familles, représentant environ 2 500 personnes. En 2004, le nombre de familles atteignait 710, soit environ 4 000 individus, avec une augmentation de 57%. Les projections données pour 2010 étaient de 975 familles et 5 400 personnes, pour 2020, de 1 600 familles avec 9 000 personnes et pour 2030, de 2 800 familles avec 15 500 individus.[153] C'est une progression unique dans les groupes hassidiques, liée à l'attractivité du mouvement qui ouvre largement ses portes aux « baal techouva[154] » et pratique une politique de prosélytisme actif au sein des communautés juives.

Les Loubavitch organisent régulièrement des célébrations auxquelles ils cherchent à associer des Juifs non orthodoxes. Hanoucca 2014 a été fêtée dans de nombreux endroits de la ville de Montréal avec l'allumage de grandes *menorot*. Mais un lieu m'a semblé encore plus signifiant symboliquement : une *menorah* a été dressée Place d'Armes, dans le Vieux Montréal, juste à côté de la cathédrale, toute illuminée pour Noël. Les deux anges gigantesques qui ornaient la façade de la cathédrale, la *menorah* sur la place, tout témoignait de la même volonté de célébrer les lumières de la foi. Dans le froid et la neige résonnaient les chants de *Hanoucca*, chantés avec la même joie, année après année.

Nous voici au cœur de la vision Loubavitch de la religion : partager, transmettre, atteindre l'autre et l'inclure dans le cercle des croyants. Mais c'est aussi cette vision que critiquent d'autres Hassidim, qui craignent de

---

[153] Publication de COHO.
[154] *Baal techouva*: celui qui revient à la tradition.

voir se perdre la *hasidus* dans une ouverture et un prosélytisme dont ils se méfient. Deux manières de pratiquer les enseignements hassidiques, et les deux cohabitent.

CHAPITRE 6

KIRYAS TASH, la ville des Tash

www.kiryastash.ca

Nous trouvons chez certains groupes la volonté de rester dans un « entre-soi » qui permet la perpétuation de l'héritage culturel et religieux. Cette entreprise s'accompagne d'une séparation d'avec le reste de la société – coupure totale qui se concrétise par la création d'unités totalement indépendantes. Ainsi, aux Etats-Unis, on trouve des communautés qui ont souhaité s'isoler de la société américaine : Kiryas Joel, village fondé en 1972 par les Satmar à Monsey, à une vingtaine de kilomètres de New York City, Kaser créé par les Vishnitz en 1990, et un troisième village hassidique fondé en 1954 par le *rebbe* de Skver, New Square, également à proximité de New York City.

Comme les Satmar ou les autres groupes ultra-orthodoxes de l'Etat de New York, les Tash ont fondé leur propre ville – quoique sur une échelle moindre. Ils résident à l'extérieur de Montréal, à environ 25 kilomètres, dans la partie ouest de la commune de Boisbriand, où le *rebbe* Meshulam Feish Segal-Lowy, accompagné de 18 familles, fonda l'enclave de Kiryas Tash en 1963[155]. En 1979, le *rebbe* parvint à obtenir un statut municipal séparé pour sa communauté, avec, dans un premier temps, le soutien du maire de Boisbriand, qui avait déclaré dans une interview, « ils devraient avoir leur propre municipalité. Ils vivent une vie totalement différente. C'est comme un autre monde[156] ». Le maire devait par la suite retirer son soutien, mais la séparation était actée. L'étude démographique de 2011 élaborée par Charles Shahar donne le chiffre de 2100 personnes résidant à Kiryas Tash. D'autres estimations sont supérieures : peut-être 875 familles, soit environ 4 500 personnes.

Le *rebbe* Meshulam Feish Segal-Lowy est décédé le 11 août 2015, à l'âge de 94 ans. Il était l'arrière-petit-fils du fondateur de la dynastie Tash, qui prit sa source dans la ville de Nyirtas, en Hongrie (près de la frontière tchèque). Il était l'un des derniers *Admorim* encore vivants. Survivant de la Shoah, il vivait dans le nord-est de la Hongrie, mais craignait l'expansion communiste. Il émigra à Montréal dès 1951. Il considérait que le plus grand danger pour le judaïsme était l'assimilation. La

---

[155] Site de William Shaffir, www.kiryastash.ca
[156] *Globe and Mail*, 27 juillet 1979.

seule parade était la distanciation vis-à-vis du monde matérialiste dans lequel les valeurs juives risquaient d'être niées : « Ce que nous avons nous est précieux et notre enseignement nous dit que lorsque vous avez quelque chose de précieux, vous devez construire une barrière autour afin de le protéger[157] ». Cette stratégie de survie est éminemment défensive, à l'inverse des autres groupes qui résident dans Outremont/Mile End.

Pour mettre à l'abri sa congrégation du contact corrupteur de la société environnante, il opta pour la solution extrême : établir une communauté géographiquement à l'écart, totalement séparée, avec ses propres institutions et des règles extrêmement strictes. Les Tash se situent à la pointe extrême du spectre religieux, à la limite du fonctionnement d'une secte.

La petite localité est gérée par un conseil de sept membres, dont deux ou trois sont nommés par le *rebbe* (les autres sont élus par la communauté)[158].

Kiryas Tash est l'illustration parfaite de l'insularité, motivée par un mécanisme de défense, une stratégie de survie. C'est le *rebbe* lui-même qui avait sélectionné les résidents. Ceux-ci ne sont pas propriétaires de leurs maisons, ils les louent. Les maisons ont été bâties sur un périmètre de quelques rues. Rapidement, les *yeshivot* et *shuln* ont été créées pour garantir ce qui est l'essentiel de la vie juive : l'étude et la prière. Ont suivi de petits magasins d'épicerie, vêtements et chaussures, et une boutique d'articles religieux et de livres de prières, installés dans les années 2 000. Car la natalité très forte de la communauté a engendré une croissance formidable de

---

[157] Cité par William Shaffir, «Separation from the mainstream in Canada: the Hasidic Community of Tash», *The Jewish Journal of Sociology*, vol.29, 1987.
[158] *Ibid.*

la population : en l'espace de 50 ans, le nombre d'habitants de Kiryas Tash a été multiplié par 30.

Seuls 20% des hommes travaillent à l'extérieur de la communauté, et sont employés dans des institutions ou commerces juifs de Montréal. Les autres restent à Kiryas Tash : ils sont enseignants dans les *yeshivot*, occupent des emplois religieux, par exemple *mohel* (circonciseur), ou ont leur propre activité professionnelle comme comptable ou commerçant.

Ils ont également créé en 1975 sous l'égide du Rabbin Lowy une structure médicale, avec un service ambulancier bénévole, qui comprend deux ambulances et dix intervenants : *Hatzolah* (Secours). Le site du service précise que les ambulanciers peuvent intervenir hors de Kiryas Tash, et aider des personnes extérieures à leur communauté. D'ailleurs *Hatzolah* est en contact permanent avec la police de Boisbriand, et est intervenu pour porter secours dans des accidents de la route. *Hatzolah Tosh* est l'une des branches des quelque 1 000 unités présentes en Amérique du Nord depuis 1973. Son financement est détaché de toute subvention publique et repose uniquement sur les dons. Dans ce cas précis, *Hatzolah* répond à l'injonction de *tsedaka*, qui est l'un des piliers de la foi juive. Il s'agit de redonner un peu d'équité et de justice dans le monde, en pratiquant la charité.

Ce rôle à l'extérieur de la communauté hassidique a valu à *Hatzolah* des articles favorables dans la presse. Il y a quelque temps, une femme secourue par *Haztolah* dans les rues de Montréal (elle avait glissé sur une plaque de verglas et s'était brisée la cheville) témoignait dans le journal *Montreal Gazette* de l'efficacité et de l'humanité des ambulanciers qui l'avaient soignée – alors même que l'ambulance des services hospitaliers avait mis une heure pour arriver. Frappée par la générosité des services de

Haztolah, qui se mettent au service des gens sans jamais rien facturer, elle tenait à leur rendre hommage, frappée par la démonstration de « ce sens de la communauté qui manque tant à la société d'aujourd'hui [159] ». Et elle terminait sur ces mots : « ma foi en l'humanité est restaurée, grâce à eux ».

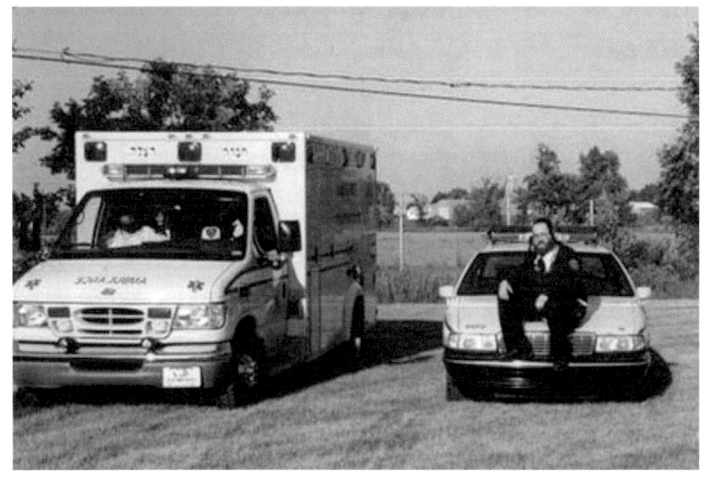

Des véhicules de Haztolah

Le service de *Hatzolah* permet de jeter un regard plus indulgent sur cette communauté qui vit repliée sur elle-même : les Tash acceptent des interactions avec le reste de la société, en contrôlant les échanges, mais ils sont prêts à jouer un rôle social, et à offrir les mêmes services à ceux qui en ont besoin.

Autre institution communautaire, les *Shomrim* (« patrouille »), qui assurent un service de surveillance, et travaillent avec les policiers de Boisbriand. Ces hommes sont également bénévoles, engagés auprès de leur

---

[159] *The Montreal Gazette*, 26 novembre 2012.

communauté. Ce système a vu le jour dans les années 1970 à Brooklyn (New York), en réponse aux nombreuses agressions qui visaient les groupes hassidiques. Les volontaires – non armés – sont là pour surveiller le quartier, signaler à la police des incidents, et dissuader d'éventuels criminels. Ils ne sont pas une milice et n'interviennent pas directement, se contentant d'être « les yeux et les oreilles » de la police. Ils obéissent à un protocole très strict d'entente avec la police et n'agissent pas au-delà de leur habilitation. Leur collaboration est généralement bien acceptée dans les communautés d'Amérique du Nord où ils opèrent. La *Kiryas Tosh Security Patrol* compte 23 volontaires.

Insularité mais implication, exclusion mais maintien des relations… Outre l'affirmation claire d'une identité juive ultra-orthodoxe, ultra-conservatrice, les Tash se définissent également par ce qu'ils ne sont pas : on peut retrouver ici le concept d'ethnicité tel que Frederic Barth [160] l'a développé, avec l'idée qu'un groupe existe aussi en référence aux autres groupes et par ses différences avec eux, et consolide son identité en érigeant des frontières entre ceux qui appartiennent au groupe, et ceux qui n'y appartiennent pas. Il y a un jeu permanent entre inclusion et exclusion, sur une sorte de frontière culturelle.

La décision du Rabbin Lowy de constituer une entité indépendante avait suscité des réactions très hostiles dans la population québécoise, qui voyait dans Kiryas Tash la création d'un ghetto, comme en témoigne cet article publié dans le quotidien *La Presse*, le 29 septembre 1979 : « Québec veut-il légaliser la création d'une ville-ghetto ? ». La journaliste, Lysiane Gagnon, mettait en

---

[160] «Ethnic boundary», concept élaboré par Frederik Barth dans *Ethnic Groups and Boundaries: The Social Organization of Cultural Difference*, Illinois, Waveland Press,1969.

garde contre la création d'une ville séparée, bâtie sur des principes religieux, un total anachronisme selon elle. Comment un Etat moderne pouvait-il donner son aval à la création d'une ville juive, un ghetto ? Elle parlait d'une « grave erreur historique », d'une décision à visée électoraliste à la veille d'un référendum[161] sur l'indépendance du Québec. Accéder à la demande du groupe hassidique – le plus intransigeant selon elle – ouvrait la porte à d'autres demandes séparatistes.

L'article avait suscité de très vives réactions et le dépôt d'une plainte de la part de la communauté Tash, qui voyait dans l'analyse de Lysiane Gagnon une tentative d'influencer le gouvernement pour refuser leur demande. Mais la décision judiciaire avait conclu que le texte était un éditorial, et à ce titre, reflétait des opinions personnelles sans visée politique particulière : en effet, comment déterminer l'impact d'un article de presse ? Les Tash avaient été déboutés.

Lysiane Gagnon avait souligné à juste titre le moment particulier auquel le *rebbe* Lowy avait fait sa demande. Le Québec connaissait un réveil identitaire qui le poussait vers une demande d'autonomie accrue, voire même d'indépendance. Le *rebbe* avait manifesté un flair politique très clair en saisissant l'opportunité pour exprimer un désir similaire, à l'intérieur de la société québécoise. Comment des souverainistes auraient-ils pu ignorer le bien-fondé de *desiderata* d'autonomie ? Comme l'écrivait le journaliste Jean Bertrand dans le quotidien *Le Nord Info*, « Des séparatistes peuvent ils s'objecter au séparatisme ? »

L'argument sur lequel se basait le leader de la communauté Tash soulignait que la nécessité d'avoir une

---

[161] Premier referendum sur la souveraineté du Québec, 20 mai 1980.

municipalité indépendante surgissait « lorsqu'un peuple de par ses us et coutumes diffère complètement du milieu qui l'entoure et demande à être protégé et reconnu comme tel[162]. »

La communauté Tash avait donné son appui au projet national québécois, et même donné le nom Place du 15 Novembre à l'une des rues, en hommage à la première victoire du Parti Québécois en 1976, et à l'élection de René Lévesque comme Premier Ministre. Certains avaient déclaré à l'époque que le parti souverainiste était « le meilleur gouvernement que les Juifs aient jamais eu au Québec. »

Il ne faut pas pour autant croire que les Tash prennent vraiment position en faveur de l'un ou l'autre parti. Trois ans plus tard, en 1979, ils donnaient le nom du ministre André Ouellet, politicien libéral et fédéraliste, à une autre rue, en remerciement d'un prêt accordé par le ministère pour la construction d'un complexe d'habitation. Donc la communauté dispense ses remerciements en fonction des services rendus, et n'est ni fédéraliste, ni souverainiste. L'engagement politique des Tash est extrêmement limité, ils ne professent aucune idéologie, mais cherchent simplement à établir des rapports de confiance avec les différents acteurs, quelle que soit leur couleur politique.

La création de Kiryas Tash a été d'une certaine façon une application pratique du principe de multiculturalisme, poussé à ses extrêmes. Or le Québec détient une place assez particulière au Canada. Son histoire a été longtemps marquée par l'emprise de l'Eglise catholique, qui avait gardé par exemple le monopole de l'éducation jusqu'à la Révolution Tranquille dans les

---

[162] Simon-Pierre Lacasse, « Toshville : un ghetto dans le Québec souverain ? », *Historiae*, vol.X, Concordia University, 2011-2012.

années 1960. Pour faire face à l'entrée d'immigrants dont une grande partie ne sont pas francophones, les autorités québécoises ont cherché à mettre en place un modèle d'intégration des étrangers basé sur l'interculturalisme : une interaction productive entre les différentes cultures, chacune empruntant à l'autre, et générant un système diversifié mais unificateur. L'interculturalisme est un concept développé par l'historien et sociologue Gérard Bouchard dans son rapport intitulé « Le temps de la conciliation ». Il avait été demandé à Gérard Bouchard et au philosophe Charles Taylor, de diriger les travaux d'une commission[163] qui devait réfléchir aux pratiques « d'accommodements raisonnables » liées aux différences culturelles ou religieuses inhérentes à l'immigration. L'objectif des « accommodements raisonnables » est de préserver le lien social, l'harmonie, et pallier toute division ou exclusion, tout en protégeant la diversité et l'égalité. Mais de nombreux citoyens québécois s'étaient insurgés contre l'étendue de l'octroi d'accommodements qui, selon eux, contrecarraient les valeurs laïques de leur société.

Bouchard et Taylor avaient souligné la nécessité pour une société d'immigration comme l'est le Québec, de répondre aux défis de l'intégration par des solutions nouvelles, axées sur la reconnaissance de la diversité et sur l'importance de croiser les trajectoires en les unissant. L'idée même d'assimilation était revue et contestée, dans la mesure où l'importance des minorités et de la diversité était réévaluée et primait sur les stratégies précédentes, centrées sur la prééminence de la société d'accueil. Ils énonçaient dans leur rapport 37 recommandations qui mettaient au cœur de la réforme le concept d'une laïcité

---

[163] Commission de consultation sur les pratiques d'accommodement reliées aux différences culturelles, créée le 8 février 2007.

ouverte. Ils prônaient l'inter-culturalisme comme modèle d'intégration :

« Pour mieux établir l'interculturalisme comme modèle devant présider aux rapports interculturels au Québec, l'État devrait en faire une loi, un énoncé de principe ou une déclaration en veillant à ce que cet exercice comporte des consultations publiques et un vote de l'Assemblée nationale ».

Ce rapport est aujourd'hui d'une certaine façon un texte sacré pour les tenants de la diversité culturelle. Il est par contre considéré comme le signe d'une dégradation identitaire par ses opposants, qui mettent en avant l'importance de respecter la société-hôte et ses valeurs avant toute autre réforme.

Le Commonwealth canadien a officiellement adopté le multiculturalisme dans sa Constitution. Le multiculturalisme sous-entend une cohabitation de toutes les cultures, sans chercher à adhérer à une identité nationale exclusive. L'interculturalisme prôné par Bouchard et Taylor se base sur ce concept en y ajoutant l'importance des interactions inter-ethniques, mais reprend la même base idéologique qui refuse de donner à une identité la primauté sur une autre.

Dans ce contexte idéologique, la situation des Tash s'inscrit tout à fait dans la valorisation des pratiques diverses et de la différence culturelle. Mais leur volonté de rester à l'écart, et de développer une entité autonome, totalement distincte du Québec – notamment en rejetant l'usage du français comme langue de communication, alors que la Charte de Montréal désigne le français comme sa langue officielle – a posé un véritable problème aux autorités gouvernementales, lesquelles ont cependant agréé à la création de Kiryas Tash. Aujourd'hui, le débat s'est cristallisé sur les institutions éducatives et la non-conformité aux exigences programmatiques du ministère de l'éducation, comme nous l'avons vu au chapitre 3. Mais cette question mise à part, il apparaît qu'après plusieurs décennies de vie indépendante, les Tash ont prouvé qu'ils géraient leur municipalité sans contrevenir à la loi, et sans provoquer aucun trouble social. Aujourd'hui, plus aucune voix ne s'élève contre les Tash, qui ont gagné leur droit à la séparation et une reconnaissance officielle.

CHAPITRE 7
L'ENRACINEMENT EN TERRE QUÉBÉCOISE : DÉFIS ET ENJEUX

INTERACTIONS ET CONFLITS

« Nous nous interrogeons sur la manière de gérer notre coexistence dans un espace partagé », Patsy Healey[164].

Le partage de l'espace urbain peut représenter un défi, et au minimum, requiert coopération et compromis afin d'atteindre ce qui est aujourd'hui communément appelé « le vivre ensemble », et qui est tout simplement une recherche d'harmonie dans la cohabitation. Ce que souligne Patsy Healey dans cette formule est le degré de questionnement soulevé par la coexistence dans l'espace urbain et la nécessité de prendre en compte les limites de son propre espace. La perception de l'Autre est par essence subjective, et peut générer des conflits difficiles à maîtriser. Nous verrons que parfois de simples détails, comme les vêtements, sont susceptibles de mener à des jugements négatifs qui auront un impact sur le relationnel.

La diversité qui définit la ville de Montréal est cruciale dans les débats qui agitent aujourd'hui la société

---

[164] Patsy Healey, *Collaborative planning. Shaping places in fragmented societies*, London, MacMillan, 1997.

québécoise, en quête d'une réponse aux nouveaux problèmes liés à l'arrivée de populations étrangères. L'identité québécoise tente de se redéfinir – l'identité montréalaise, quant à elle, se veut distincte, plus différenciée culturellement, mais aussi plus inclusive. Dans ce contexte, la présence d'une grande communauté juive ultra-orthodoxe, visible, qui revendique sa différence et refuse de transiger avec son environnement non juif, soulève un certain nombre de questions – plutôt inédites en Amérique du Nord. Si les Etats-Unis revendiquent le respect absolu de la liberté religieuse, au point de refuser toute contrainte exercée envers ses habitants, il n'en est pas de même au Québec, qui tente d'appliquer un modèle d'intégration plus coercitif.

Le débat qui a fait rage à l'automne 2013 sur la Charte des Valeurs québécoises (rebaptisée Charte de la laïcité) a révélé une situation de tensions inexprimées jusqu'alors. Le gouvernement de Pauline Marois (Parti Québécois, souverainiste) a essayé d'imposer des restrictions à toutes les communautés religieuses : la loi 60 prévoyait l'interdiction des « signes religieux ostentatoires » dans les services publics. Si c'est le port du voile musulman qui était visé plus précisément, la loi incluait aussi le port de la kippa ou de croix trop visibles. Les nouvelles élections du printemps 2014 ont porté au pouvoir le parti libéral qui a abandonné le projet de charte. Le premier ministre actuel, Philippe Couillard, avait dès l'annonce du texte, marqué son opposition totale à ce qu'il identifiait comme une entrave à la liberté religieuse. Il était appuyé par de nombreuses personnalités politiques, qu'elles aient été concernées personnellement ou pas. Lionel Perez, ancien maire de l'arrondissement Côte-des-Neiges-Notre-Dame-de-Grâce et toujours conseiller de la ville, est un exemple de cette cohabitation entre le religieux et le politique, puisqu'il porte la kippa en permanence. Lors des débats sur la Charte, il s'était catégoriquement opposé à ce qu'il considérait comme « une tentative uniformisante », prônant la défense des « valeurs québécoises de tolérance, respect d'autrui et autonomie morale ». De même, professeurs d'université ou médecins du Jewish General Hospital affichent eux aussi leur foi, et refusent cette ingérence du gouvernement provincial dans leurs traditions. Et musulmans ou catholiques étaient unanimes à refuser cette charte qui aurait singularisé le Québec au sein des autres provinces du Canada. Le Québec avait d'ailleurs été vivement critiqué dans le reste du Canada pour son manque d'ouverture et son dogmatisme laïc.

Les Juifs hassidiques de Montréal ne restent pas intouchés par ce débat, même s'ils ne sont pas directement concernés par les mesures, puisqu'aucun d'entre eux ne travaille dans les services publics. Mais ils sont présents en nombre, et leur visibilité suscite parfois des réactions négatives – quoique limitées, et plutôt récentes.

La concentration des Hassidim à Outremont et dans le Mile End pose nécessairement la question du rapport entre les groupes dans un environnement urbain. Comme l'écrit Amanda Wise, « on a accordé peu d'attention au fait que partager de vrais lieux – zones de contact, si vous préférez – n'est pas toujours chose aisée. C'est quelque chose que nous apprenons à faire par la pratique et la négociation quotidienne [165] ». Les zones de contact sont nombreuses, même si Hassidim et autres résidents vivent des vies totalement différentes et séparées : ils se croisent dans le même espace. Et ils sont l'illustration de ce que Sherry Simon appelle « le paradoxe

---

[165] Amanda Wise, «sensuous multiculturalism», *Journal of Ethnic and Migration Studies*, vol.36 n° 6, pp.917-937, 2010.

de la vie urbaine[166] » : la proximité des gens qui en fait ont peu d'interactions entre eux. « Le mode dominant de la sociabilité publique dans ces espaces », écrit pour sa part la sociologue Annick Germain, « peut être caractérisé comme étant essentiellement une cohabitation paisible mais distante [167]». La distance est un fait lié au mode de vie : comme l'explique Alex Werzberger, « tous les membres de chaque communauté vivent dans le même voisinage. Et parce que nous sommes très visibles, cela ennuie certains de nos voisins. Nous vivons très près les uns des autres pour des raisons à la fois culturelles et pratiques. D'un point de vue religieux, il est important que nous vivions ensemble afin de garantir la continuité et l'intégrité de notre foi et de notre culture, d'être près des épiceries *casher*, de pouvoir aller à pied à nos synagogues… Dans une perspective pratique, nous aimons vivre à côté des écoles que fréquentent nos enfants, près de nos amis et nos familles [168]».

C'est parfois cette distance qui est évoquée par les habitants d'Outremont : les Hassidim ne les saluent pas, les hommes évitent de regarder les femmes dans la rue, les enfants ne jouent pas ensemble… Distance réelle, en effet, plus ou moins forte suivant les individus concernés, plus ou moins avérée – car la perception est ici aussi significative que la réalité. Dans mon entretien avec Mindy Pollak, celle-ci me décrivait l'attitude d'emblée hostile d'une voisine non juive – qui ne voulait avoir aucun contact avec les Hassidim, et avait rejeté les gestes

---

[166] Sherry Simon, *Hybridité culturelle*, Montréal, Editions Ile de la Tortue, 1999.
[167] Annick Germain, « Les quartiers multiethniques montréalais : une lecture urbaine », *Recherches sociographiques,* vol.40 n°1, 1999. http://id.erudit.org/iderudit/057242ar
[168] Julie Chateauvert et Francis Dupuis-Peri, *Identités mosaïques*, Montréal, Editions du Boréal, 2004.

amicaux de sa mère. Le tableau n'est ni blanc ni noir, et les divers témoignages reflètent souvent une incompréhension des deux côtés.

Un documentaire réalisé en 1991 par Garry Beitel, *Bonjour ! Shalom !* explorait les difficultés de la cohabitation à Outremont. L'une des remarques récurrentes portait sur le caractère « étrange » des Hassidim. Etranges par l'habit, par la langue, par le comportement aussi. L'une des femmes interviewées décrivait son inconfort à la vue des « hommes en noir », « au teint blanc, comme un masque mortuaire ». Nous trouvons ici une utilisation du stéréotype appliqué aux Hassidim, qui semblent se résumer à la seule couleur de leurs vêtements : le qualificatif « d'hommes en noir » est utilisé dans bien des reportages. Le noir, couleur de deuil, générait chez cette personne « de la tristesse ».

Outremont est décrit dans le documentaire comme « un petit paradis » avant que les Hassidim ne soient aussi nombreux. L'occupation de l'espace est l'un des points de discorde : les habitants franco-canadiens d'Outremont ont la sensation d'être « dépossédés de leur territoire » par des « vestiges du passé », « un anachronisme ». Dans un entretien avec Maurice da Silva, alors président du comité consultatif des relations intercommunautaires d'Outremont, la notion de territoire est centrale :

> « C'est le symbole de la prise de possession du territoire. Quand vous construisez une synagogue, nous craignons que cela n'attire du monde. Plus vous multipliez le nombre de salles de prières, plus il y a de personnes autour. La synagogue est le symbole le plus visuel de l'appréhension que ressentent nombre de

Québécois francophones, confrontés aux changements qui s'opèrent dans leur quartier[169]. »

Les jeunes Juifs, disent-ils, sont plus nombreux et « prennent de la place ». C'est-à-dire qu'ils prennent *leur* place. « Ça me fait penser à un ghetto », déclarent certains. L'univers des Hassidim apparaît « étranger à mes valeurs, à ma façon de vivre ». Leur « fanatisme religieux » est choquant, ils ne laissent aucune liberté à leurs enfants qui n'ont pas le choix, et « cela m'affecte », affirme un intervenant.

Inutile de questionner la pertinence de telles remarques, car nous pourrions nous demander en quoi des vies peuvent être affectées par la simple vue de personnes différentes, dont on ignore tout, et que l'on ne cherche pas à connaître. Le problème est ailleurs, ni dans la connaissance, ni dans la réalité, uniquement dans la perception – et, faut-il le souligner, la persistance de préjugés.

Si nous décodons l'ensemble de ces réflexions, ce qui domine c'est le malaise face à une population qui est visiblement différente, et refuse de s'assimiler au modèle franco-québécois. Les Hassidim ont érigé un « mur » invisible de par leur attachement aux traditions ancestrales. Ernest Kisner, Hassid Belz, qualifiait ce mur de « mur religieux », nécessaire pour « protéger nos enfants afin que l'avenir perpétue ce que nous avons toujours été [170] ».

En d'autres termes, si ce n'était que l'habit, les coutumes vestimentaires pourraient apparaître comme exotiques. Mais la langue est un facteur essentiel dans

---

[169] *Bonjour ! Shalom* ! Gary Beitel (1991). Entretien avec Maurice da Silva.
[170] *Ibid*. Entretien avec Ernest Kisner.

l'incompréhension qui règne. Non que les habitants d'Outremont ne comprennent pas l'anglais, mais le fait que les Hassidim ne parlent que yiddish entre eux et anglais avec les non Juifs est vécu comme une atteinte à l'identité franco-québécoise. De fait, les Hassidim participent – bien involontairement, faut-il le souligner – de cette domination anglaise si vivement critiquée par l'intelligentsia francophone, fortement présente dans ce quartier. L'accumulation des différences et l'entêtement à vivre selon des règles à l'opposé de la majorité forment une barrière entre les deux communautés.

Vingt ans après ce documentaire, les critiques demeurent les mêmes. De récents contacts avec des habitants du quartier, Juifs et non juifs, m'ont révélé la persistance du malaise chez certains. Beaucoup de remarques portent sur l'occupation de l'espace : l'impression que les familles hassidiques envahissent les trottoirs avec leurs poussettes, ne s'écartent pas pour laisser passer les autres… Hadassa me racontait un incident qui l'avait opposée à une femme à proximité de son logis : bavardant avec une amie, elle ne s'était pas aperçue qu'une voisine voulait avancer et était gênée par les poussettes des deux jeunes femmes. La colère de cette femme avait provoqué chez Hadassa une réaction tout aussi vive, car elle ne comprenait pas pourquoi elle n'avait pu s'adresser à elle plus poliment et tranquillement. Cet incident révèle à quel point le conflit est à fleur de peau et ne demande qu'à exploser. Ici, l'issue a été finalement positive, car Hadassa s'était retrouvée une nouvelle fois en contact avec cette femme et en avait profité pour lui parler. Elle avait ainsi dédramatisé la situation et apaisé le conflit.

La difficulté de la cohabitation se centre sur la perception de cette différence qui ne peut être comblée et sur la mise à distance de l'autre. Ce qu'exprimaient certaines personnes, c'était l'impression que les Hassidim se comportaient avec froideur voire même mépris – comme s'ils considéraient leur mode de vie supérieur. Autrement dit, ce qui était souligné, c'était la frontière invisible que les Hassidim dessinent autour d'eux.

Pourtant, à différentes reprises, j'ai pu vérifier que ce qui dominait, c'était un malentendu. Les règles auxquelles les Hassidim se soumettent sont très strictes et empêchent une socialisation banale : ils ne peuvent manger chez des personnes qui ne respectent pas les règles alimentaires de *cashrout*, ne peuvent consommer de produits non *casher*, et ne fréquentent pas les cafés ou restaurants du quartier pour les mêmes raisons. Si l'on connaît ces règles et si l'on accepte tout simplement qu'ils ne peuvent y déroger, les rapports s'établissent sur une autre base. Et la communication peut s'installer. Donc il est clair que les habitants d'Outremont qui objectent à la présence des Hassidim dans le voisinage se refusent à tolérer ces règles parce qu'elles leur semblent contraires à la modernité et qu'ils souhaiteraient leur abandon afin d'établir une interaction *selon leurs termes*. Une habitante de la rue Hutchison, où résident de nombreuses familles Bobov, juive « culturelle », me disait qu'en vingt ans, aucun de ses voisins Hassidim ne lui avait adressé la parole, signe pour elle de leur incapacité à échanger. Mais ce qu'elle refusait de reconnaître, c'est qu'elle ressentait une hostilité non déguisée à leur encontre – et pourquoi le nier, un mépris certain pour des mœurs qu'elle considérait comme moyenâgeuses. Le blocage venait d'elle principalement.

Me promenant dans Outremont pendant les fêtes de *Souccot*, j'ai vécu une expérience intéressante, hors du temps : mon mari a été appelé à jouer le rôle du *Shabbos Goy*. Le *Shabbos Goy*, c'est le non juif qui vient aider les Juifs le jour du Shabbat pour allumer le feu. Ici, en l'occurrence, il s'agissait d'allumer le fourneau pour réchauffer les plats – or, seul un Goy pouvait le faire, car, comme pour le Shabbat, il y a quelques jours[171] pendant la fête de *Souccot*, où il est impossible de faire un certain nombre de travaux. Mon mari s'est plié à la demande de bon gré, et a été récompensé par un délicieux gâteau ! Nous en avons profité pour échanger avec la maîtresse de maison et ses filles– instant chaleureux aux antipodes de ce qui peut être dit sur l'attitude hostile et froide des Hassidim.

Mon expérience n'est pas unique, et d'autres témoignages confirment la possibilité des échanges entre Hassidim et non juifs. Mais ils ne sont pas mis en évidence, et restent absents d'un discours qui porte davantage sur les oppositions que les rencontres.

C'est dans ces circonstances qu'en 2013, un groupe de jeunes Hassidim a pris l'initiative d'un blog publié en anglais et en français[172], afin de donner des témoignages et explications sur l'histoire des Hassidim de Montréal et leurs traditions. Le responsable du blog, Chesky Weiss, originaire de Brooklyn, habite Outremont depuis son mariage avec une jeune Montréalaise. Conscient des malentendus entre les deux populations, il est convaincu que les choses s'amélioreront si les habitants francophones du quartier sont familiarisés avec le mode de vie des Hassidim. Dans son message d'introduction, Chesky Weiss annonce sa volonté d'ouvrir « un dialogue honnête et sincère » avec ses voisins. Son blog affiche articles et photos, et les commentaires publiés révèlent en effet la satisfaction des habitants de comprendre un peu mieux ces

---

[171] *Hol Hamoed* : littéralement, les jours intermédiaires, c'est-à-dire les cinq jours entre le début et la fin de *Souccot* et les quatre jours entre le début et la fin de *Pessah*.
[172] Outremonthassid.com

traditions qui leur semblaient par trop étranges et mystérieuses. J'ai rencontré Chesky Weiss, et j'ai été frappée par son désir d'ouverture à l'autre. Il est clair qu'un pont a été jeté entre les deux communautés et cela laisse augurer d'un meilleur avenir – si chacun fait preuve de la même bonne volonté.

Espace public et signes religieux

Tout ce qui relève du religieux est parfois vécu comme une violation de l'espace public et génère un débat intense sur la notion si particulière au Québec d'accommodement raisonnable. D'abord conçu comme une façon de corriger d'éventuels défauts au principe d'égalité garanti par la Charte québécoise des Droits humains et libertés, notamment dans le domaine de l'accès des travailleurs handicapés au marché du travail, l'accommodement raisonnable s'est vite vu appliqué aux conflits religieux, afin de proposer des solutions négociées entre les différentes parties. L'accommodement raisonnable relève par conséquent du compromis et du droit des minorités.

La question des synagogues est au cœur du conflit qui oppose Hassidim et riverains. Les Hassidim ont presque toujours utilisé des logements dans des immeubles pour y installer leur *shul*, car bâtir des synagogues n'est pas l'essentiel : ce n'est pas l'extérieur qui compte, et peu importe la modestie du lieu. Mais transformer ce qui est à la base un logement ou un local commercial pose la question du zonage, à savoir le règlement qui définit la fonction d'un lieu : habitation, activité commerciale, ou autre.

Ainsi, un groupe hassidique avait installé sa *shul* « Ahavat Israel » rue Durocher, dans un local qui pouvait avoir des fonctions commerciales, situé dans un immeuble résidentiel[173]. Mais le zonage changea, le droit d'utiliser le local à des fins non résidentielles fut révoqué et la synagogue se retrouva alors en situation irrégulière. Une habitante de cet immeuble porta le cas en cour de justice, en basant sa plainte sur la violation de la laïcité, transformant ainsi une question d'urbanisme en problème constitutionnel.

Les Belz ont eux aussi été confrontés au mécontentement des riverains qui se sont opposés à l'extension de leur *shul* rue Jeanne Mance, dans le Mile End. Installé à cet endroit depuis les années 1950, le groupe avait acheté en 1971 une deuxième maison adjacente, puis une troisième en 1988 et une quatrième en 1999, pour répondre au nombre grandissant des fidèles. La municipalité de Montréal avait à chaque fois donné des autorisations spéciales. Un comité (Comité de la rue Jeanne Mance) se forma alors pour empêcher toute future expansion du lieu de culte. Les critiques exprimées visaient à la fois le non-respect des règles de zonage et les nuisances potentielles, comme par exemple le stationnement de véhicules qui provoquaient des encombrements dans la rue, ou de trop nombreuses allers-et-venues qui perturbaient la tranquillité du voisinage. Nous voyons qu'au-delà de la bataille purement légale – le zonage – les enjeux incluaient le vivre-ensemble. Les témoignages du Comité de la rue Jeanne Mance révélaient d'ailleurs la mésentente entre les deux communautés :

---

[173] Voir Julie Elizabeth Gagnon, « Cohabitation interculturelle, pratique religieuse et espace urbain : quelques réflexions à partir du cas des communautés hassidiques juives d'Outremont/Mile-End », *Les Cahiers du Gres*, vol. 3, n° 1, 2002, pp. 39-53. http://id.erudit.org/iderudit/009429ar

certains griefs exprimés ne relevaient absolument pas du registre légal. Des habitants se plaignaient par exemple du fait que les jardins n'étaient pas entretenus, et donnaient une mauvaise image du quartier – ce qui, selon eux, avait un impact négatif sur les prix de l'immobilier. Or la réalité est toute autre. Les prix des deux quartiers sont en hausse constante, preuve que le problème se situe au niveau de la cohabitation, et non de la réalité du terrain. Peu convaincue par les arguments utilisés par les adversaires de la communauté hassidique, la municipalité de Montréal donna son aval à l'agrandissement de la *shul*.

L'année 2016 a vu un rebondissement dans les litiges sur le zonage : les Hassidim Satmar avaient obtenu un permis pour ouvrir une *shul* sur l'avenue Bernard. Mais cette autorisation a été annulée par un règlement adopté par le Conseil municipal, qui entendait faire de cette avenue une artère purement commerciale. Or l'avenue Bernard était la dernière rue de l'arrondissement où il était encore possible d'ouvrir un nouveau lieu de culte. Contestant ce règlement, les Hassidim avaient réussi à rassembler suffisamment de signatures pour qu'un référendum soit organisé le 20 novembre auprès des résidents. La question posée était la suivante : « Approuvez-vous le Règlement AO-320-B qui a pour objet d'interdire l'usage 'culte et religion' dans la zone C-2, qui comprend l'Avenue Bernard ? ». Le porte-parole du comité citoyen pour l'interdiction sur l'avenue Bernard insistait sur le fait que les lieux de culte pouvaient « gêner l'animation du domaine public essentielle à la qualité de la vie du quartier[174] ». Or il n'existe aucune étude qui démontre un lien entre la vitalité d'une rue commerciale et la présence de lieux de culte. Les Hassidim, quant à eux, soulignaient l'aspect discriminatoire de la mesure, car les

---

[174] *L'Express d'Outremont*, 17 novembre 2016.

seuls lieux de culte susceptibles d'être ouverts étaient des synagogues – les églises ferment, et il y a peu de musulmans dans ce quartier. Le règlement vise clairement à restreindre l'expansion de la communauté hassidique. Il faut également noter que dans le Mile End, qui jouxte Outremont, un zonage dérogatoire a été accordé à la communauté hassidique, qui peut donc installer de nouveaux lieux de culte. Le référendum a confirmé la décision de la mairesse d'Outremont : aucun lieu de culte ne pourra ouvrir sur l'avenue Bernard. Le vote était serré : 1561 votes pour le « oui », 1202 pour le « non ». La communauté hassidique a décidé de poursuivre son combat en cour de justice.

Au cœur de cette bataille autour des lieux religieux, nous trouvons deux personnes très médiatiques : Céline Forget et Pierre Lacerte. La première est conseillère municipale, le second est un ancien journaliste. L'implication de Céline Forget dans cette lutte remonte au début des années 2000, lorsqu'elle s'était installée rue Jeanne Mance, dans un immeuble habité par des familles hassidiques. Très vite elle s'était plainte de l'agitation qui régnait lors des fêtes, des voitures qui bloquaient la circulation lors des visites de *rebbes* importants, de l'impossibilité de communiquer avec les habitants de l'immeuble, etc. Elle s'était donc efforcée de relever tout ce qui pouvait constituer une infraction aux règlements municipaux, avait rédigé des pétitions et avait réussi à se faire élire au conseil municipal en 2003, afin de rendre son combat plus efficace. Interrogée sur ce qui peut apparaître comme de l'acharnement, elle a toujours répondu qu'elle ne voulait que l'application de la loi, et que les Hassidim ont trop bénéficié, selon elle, de dispositions particulières préférentielles.

Pierre Lacerte, quant à lui, s'est présenté comme candidat indépendant aux élections municipales de

Montréal en novembre 2013, élection qu'il a perdue face à Mindy Pollak. Il est à l'affût des moindres infractions que peuvent commettre les Hassidim, et les rapporte dans le blog qu'il a créé en 2007, « Accommodements Outremont ». Bien que vivant depuis 25 ans à Outremont, rue Hutchison, face à une petite *shul* Bobov, son acharnement est récent, et peu explicable. Il dénonce dans ses pages ce qu'il appelle « le ghetto intégriste » d'Outremont, avec force caricatures souvent injurieuses et racistes.

L'un des premiers conflits qui a opposé Pierre Lacerte à ses voisins hassidiques a été la célébration de *Hachnosas Sefer Torah*[175], qui avait rassemblé un millier de personnes – pour une durée d'environ deux heures. Pierre Lacerte s'est plaint auprès de la municipalité du bruit et de la présence d'autant de personnes dans la rue, ce qui gênait la circulation, et le conseil municipal a adopté un arrêté interdisant tout rassemblement de ce type à l'avenir.

La construction de cabanes (*soucca*)[176] sur les balcons ou dans les jardins pour la fête de *Souccot* a été un autre point d'achoppement.

Il était reproché à ces constructions éphémères, en bois ou en pvc, de défigurer le quartier et de faire baisser la valeur immobilière des habitations. Le conseil municipal a adopté un arrêté qui limite la présence de ces cabanes à deux semaines (7 jours avant, 7 jours après). Mais en 2014, Céline Forget a introduit une demande de modification du règlement et la réduction des 2 semaines à 6 jours (3 jours avant, 3 jours après). Une fois de plus, les arguments utilisés, volontairement alarmistes, ne semblent

---

[175] *Hachnosas Sefer Torah* est une cérémonie qui couronne la fin de la rédaction d'un rouleau de la Torah et son dépôt dans une synagogue.
[176] Voir illustrations pages 197 et 198.

pas très sérieux : risque d'effondrement, d'incendie, et à nouveau, le côté inesthétique des cabanes – c'est probablement ce qui rassemble plus largement les opposants à ces cabanes. Comme le soulignait un résident juif orthodoxe de Côte St Luc, autre arrondissement de Montréal, aucune limite concernant les cabanes n'a été imposée aux Juifs de CSL. De fait, seul l'arrondissement Notre-Dame-de-Grâce- Côte-des-Neiges impose une limite de 14 jours. Et dans le reste du monde, c'est aux Etats-Unis que nous trouvons des restrictions, à Baltimore et Seattle, mais pour une période de 30 jours. La demande formulée par Céline Forget relève donc de l'exception. Quant à la question très subjective de l'esthétisme, un Hassid d'Outremont faisait la comparaison avec les immenses pères Noël gonflables qui ornent les maisons et dont personne n'a jamais contesté la présence.

Souccot dans les rues d'Outremont. Photos de l'auteur.

Souccot dans les rues d'Outremont. Photos de l'auteur.

Alors deux poids, deux mesures ? Sans aucun doute. Céline Forget, appuyée par deux autres conseillères, a vu sa requête votée par le conseil du 1er décembre 2014 :

3 votes pour, 1 vote contre (Mindy Pollak). La mairesse, Marie Cinq-Mars, s'est abstenue. Cette « victoire » de Céline Forget, pour minime qu'elle soit, indique tout de même l'influence dont peut jouir cette dernière. Pour autant, lors des débats, Mindy Pollak indiquait les positions plus favorables des habitants de l'arrondissement, qui, eux, semblent beaucoup moins gênés que leurs représentantes au conseil municipal. La modification du règlement a une fois de plus ravivé les débats – de manière inutile.

En 2002, Pierre Lacerte s'est cette fois attaqué à la question des cars inter-cités qui faisaient la liaison entre New York et Outremont, circulaient et stationnaient dans les rues résidentielles d'Outremont pour charger les passagers. Posté avec son appareil photos, il a accumulé des preuves des nuisances provoquées par la circulation de ces cars. Il a finalement obtenu l'interdiction de ces cars dans les rues concernées. La compagnie fait stationner ses cars avenue Van Horne, au nord d'Outremont.

Un autre incident a émaillé la vie de l'arrondissement : le conseil municipal d'Outremont, sous la pression de certains habitants, dont Pierre Lacerte, a tenté de faire fermer une *shul* qui appartenait au groupe hassidique Muncaz (Munchas Elozer Munkas), sous le prétexte qu'elle ne respectait pas les règles de zonage de la ville. La *shul* étant située dans une zone résidentielle, réservée à l'habitation, elle contrevenait à l'organisation territoriale et était, par conséquent, illégale. La question avait été déjà soulevée dans les années 1980 (la synagogue existe depuis 1976). La congrégation avait modifié le bâtiment, ajoutant un *mikve* en sous-sol, aménageant le toit pour accueillir une *soucca*, etc. Pour tous les travaux, des autorisations municipales avaient été obtenues. Les fidèles de la *shul* avaient eu gain de cause.

LES HASSIDIM DE LA BELLE PROVINCE

En 2002, à la suite d'une pétition déposée par des citoyens, le conseil municipal a repris l'affaire, demandant à la congrégation (une quarantaine de personnes seulement) de cesser ses activités et de fermer ses deux salles de prières. Pour faire appliquer sa décision, la ville de Montréal a porté sa requête devant la Cour supérieure du Québec. Alex Wertzberger, le directeur de COHO (Coalition des Organisations Hassidiques d'Outremont) et fidèle de cette synagogue, déclarait alors à la presse, « pendant 20 ans, la Ville n'a pas cherché à faire fermer la synagogue parce que c'était tranquille. Mais il y a des voisins de la communauté qui n'ont rien d'autre dans leur vie que de faire la vie dure aux Juifs ». Pour lui, l'observation constante des groupes hassidiques par certains individus relève purement et simplement de l'antisémitisme[177]. Lors de l'entretien qu'Alex Werzberger m'a accordé, il a utilisé l'expression « guerre de terrain » pour décrire les incidents qui se multiplient : guerre de terrain, à savoir les efforts pour décourager les Hassidim et les pousser à quitter Outremont.

La Cour a finalement rendu sa décision le 18 avril 2013 : soulignant le fait que cette pétition émanait de 200 personnes qui n'habitaient pas la rue concernée –et certains même qui vivaient en dehors d'Outremont – et qu'aucun trouble de voisinage n'avait été relevé, la Cour a statué en faveur de la congrégation Munchas Elozer Munkas. Le juge Prévost, dans la conclusion du jugement, relevait le fait que la municipalité d'Outremont avait toujours « accommodé » les activités de la synagogue, alors même qu'elle était consciente des règles de zonage. Ce qui prouvait d'une part, la bonne foi des membres de la congrégation, et d'autre part, la légalité de leur synagogue – et la non-pertinence de la plainte contre eux.

---

[177] *National Post*, 24 avril 2013.

L'ENRACINEMENT EN TERRE QUÉBÉCOISE

Les opposants aux Hassidim ont perdu la bataille, et la synagogue continue à accueillir ses fidèles. Mais ce cas met un fait en évidence : il y a une bataille idéologique qui est en train de se jouer depuis quelques années entre des Montréalais laïcs, prêts à utiliser tous les textes légaux pour mettre fin à ce qu'ils voient comme une conquête religieuse du territoire, alors que les Hassidim vivaient en bonne entente avec leurs voisins directs.

Présentement, Pierre Lacerte est en procès avec Michael et Martin Rosenberg, et Alex Werzberger, tous trois hommes d'affaires, leaders de la congrégation Satmar. Les Hassidim le poursuivent en justice pour diffamation et harcèlement, ainsi qu'atteinte à la vie privée, et demandent le retrait de tous les articles les concernant de son blog, ainsi qu'un dédommagement de 375 000 dollars pour préjudices subis.

En effet, depuis des années, Pierre Lacerte publie des articles mettant en cause les trois hommes à divers degrés. Entre autres accusations, il soulève le problème des règles de stationnement dans sa rue, qu'aucun des trois hommes ne respecte supposément, bénéficiant selon lui de l'indulgence des autorités municipales. Il aborde également les travaux d'agrandissement de leur *shul*, faits sans autorisation : les Hassidim bénéficieraient de passe-droits. Depuis dix ans, il a publié sur son blog de nombreuses photos des trois hommes, et de leurs voitures stationnées en double file. Mais il ne s'arrête pas là, accusant les Hassidim d'être « des barbus à redingote noire », leaders d'une « secte », auxquels les membres « obéissent au doigt et à l'œil », et qui « mentent comme ils prient ». L'affrontement dépasse le simple conflit de voisinage, ou même un problème de respect de la loi : l'individu provoque, et cherche à rallier d'autres personnes à un combat qui est clairement devenu un combat personnel. Le véritable problème est qu'il parvient parfois à ses fins…

Pierre Lacerte crie à la censure et a répliqué aux plaignants qu'il usait de son droit à la libre expression : « l'enjeu de cette lutte », écrit-il sur son blog, « n'a rien d'une chicane de clôture entre deux voisins, mais relève plutôt d'un débat de société sur le droit d'expression et de commentaire qui doit se faire sur la place publique. » Il dénonce ce qu'il appelle une « poursuite-bâillon », destinée à l'asphyxier financièrement et à le faire taire. Il a donc lancé une autre plainte, avec demande de 725 000 dollars de dédommagement, et accusant les trois hommes de compromettre ses chances de trouver un emploi dans le domaine de la communication en raison de ce procès qui le présente comme un antisémite. Se comparant à un lilliputien[178] aux prises avec de puissants hommes d'affaires – Martin Rosenberg est selon ses dires l'un des hommes les plus riches et les plus puissants du Québec – Lacerte entretient le mythe récurrent du Juif financier (« président d'une multinationale milliardaire ») qui corrompt et gangrène la société. Il se présente comme la victime expiatoire au service de la société québécoise : « ex-journaliste aux revenus aléatoires depuis ce conflit ».

Lacerte est soutenu dans ce procès par une association formée en novembre 2008 par trois Outremontais, « Citoyens pour l'équité règlementaire ». Le CER déclare avoir pour but de « combattre le laisser-aller des autorités municipales ». Son trésorier, Jean de Julio-Paquin, a collecté environ 10 000 dollars versés par quelque 120 donateurs pour aider Lacerte à financer ses frais judiciaires. De Julio-Paquin déclare que, « ce qui est extrêmement dommageable pour la société, c'est cette

---

[178] Blog de Pierre Lacerte, « Accommodements Outremont », 14 janvier 2013.

plainte au montant abusif pour faire cesser un droit d'information et de diffusion. À d'autres époques, Daumier et d'autres ont usé du pamphlet et de la caricature pour exprimer leurs opinions. Si on commence à critiquer le style, on n'en finit pas. Les gens vont-ils vouloir continuer ce droit d'informer et commenter devant la menace des puissants et des fortunés ? ». Ce qui au départ est une lutte très personnelle se revoit qualifiée de lutte politique et idéologique par quelques individus en mal de cause à défendre. Le procès est toujours en cours.

Il y a quelques années, Pierre Lacerte et Céline Forget ont constitué avec 158 habitants d'Outremont un document de 80 pages, recensant tous leurs griefs, et l'ont présenté à la commission Bouchard-Taylor, qui travaillait à la demande du gouvernement québécois sur la question des accommodements raisonnables (2007). Ce mémoire, intitulé « Malaise persistant à Outremont : le laisser-faire des autorités publiques », est un véritable réquisitoire contre les Hassidim d'Outremont, accusés d'être une menace à la cohésion sociale. Dans le résumé qui introduit le document, Lacerte révèle ce qui est sa véritable préoccupation : « nous démontrerons que les autorités civiles et policières accordent un poids politique injustifié à un groupe qui revendique par ailleurs son isolement social, culturel et linguistique. » Il apparaît clairement que tel est le véritable reproche : les Hassidim d'Outremont vivent à part, et ne parlent pas français. Ils sont responsables d'un « apartheid juridique et social » et sont donc à l'origine d'une « brisure sociale ». Lacerte utilise à maintes reprises les termes de lobby et laxisme, en référence à l'attitude trop conciliante, selon lui, des autorités municipales. De fait, le mémoire est surtout une compilation d'articles tirés essentiellement du journal La Presse, et de nombreuses photos prouvant que les Hassidim ne respectent pas la loi, en matière de stationnement, notamment. L'impression générale que l'on tire de ce document est une argumentation peu solide, basée sur beaucoup de suppositions, truffé d'accusations très graves sur les infractions à la loi. Si l'on prend au pied de la lettre toutes les descriptions fournies par Lacerte, l'image donnée des Hassidim est celle d'une communauté agressive, peu soucieuse du respect des autres, et créatrice de graves nuisances. Le portrait est plus que sévère : il est une attaque virulente qui déforme et accuse.

Dans son rapport sur la situation des relations interculturelles, la commission Bouchard-Taylor a relevé un certain nombre de plaintes pour illustrer son propos, soulignant notamment une aggravation des tensions intercommunautaires et proposant des mesures d'accommodements pour les résoudre. Le titre du rapport, « Construire l'avenir : le temps de la conciliation » est la marque très nette de cette situation changeante, même si, et il faut le souligner, les protestations contre les Hassidim sont limitées et le fait d'un petit groupe d'individus très actifs, quasi-militants. Il est plus difficile de trouver une justification à leurs actions, si ce n'est une crainte irraisonnée d'une « invasion » étrange et étrangère, et une certaine dose d'antisémitisme.

La situation est devenue telle que Leïla Marshy, Montréalaise aux origines palestiniennes, outrée par l'acharnement contre les Hassidim, a décidé de créer en 2013 un groupe avec Mindy Pollak, « Les Amis de la rue Hutchison/The Friends of Hutchison Street », afin d'améliorer les relations entre les communautés, « jeter des ponts entre les groupes ». Cette association se réunit régulièrement et marque un progrès très net : en pratiquant l'ouverture, Hassidim et non juifs parviennent à dialoguer et à contrer les initiatives hostiles de Pierre Lacerte ou Céline Forget.

L'ENRACINEMENT EN TERRE QUÉBÉCOISE

J'ai pu assister à une réunion de l'association, le 22 octobre 2013. Mindy Pollak était présente, bien que très prise par la campagne pour les élections municipales, mais souhaitait continuer son travail auprès des habitants du quartier. Chacun expliquait sa présence par la volonté d'établir des contacts avec la communauté hassidique, qui clairement les intriguait, mais ne leur apparaissait pas du tout comme fermée ou hostile. Ce qui ressortait de toutes les interventions, c'était plutôt le désir d'apprivoiser une culture différente et d'en connaître les codes. Le terme a d'ailleurs été utilisé par l'un des participants : « décoder le quartier ». Le sens des fêtes, la manière de vivre, tous les signes visibles qui parfois désarçonnent autrui : les membres du groupe exprimaient leur ignorance et leur volonté de pouvoir avoir leur part dans la vie commune du quartier. Certains ont aussi expliqué que ce qui les avait motivés dans leur décision de rejoindre l'association était l'attitude de Céline Forget et Pierre Lacerte, tous deux candidats dans l'arrondissement, qui systématiquement ignoraient dans leur porte à porte les habitants juifs du quartier : chaque entrée qui portait une *mezouza* était exclue de leurs visites aux citoyens. Outrés par cette attitude peu démocratique, ils ont décidé d'agir – l'initiative de Leïla et Mindy Pollak était exactement le geste nécessaire dans un tel contexte. Et l'élection de Mindy Pollak comme conseillère municipale à la mairie d'Outremont est sans aucun doute une victoire pour ceux qui prônent le dialogue.

Même en admettant que seule une minorité montre un antagonisme actif à l'encontre des Hassidim, l'ensemble des questions soulevées démontre que la capacité à vivre ensemble est mise à l'épreuve. En dépit des interactions de fait limitées, il semblerait que la simple présence d'éléments qui se différencient de la masse des habitants génère une variété de sentiments, depuis la perplexité jusqu'à l'hostilité ouverte, en passant par de l'indifférence. Cette situation a poussé le Conseil d'Outremont à mettre en place en 2012 un Comité consultatif sur les relations intercommunautaires avec la mission de « suggérer des actions positives afin d'assainir et d'améliorer les perceptions reliées aux relations intercommunautaires et de développer des relations plus harmonieuses entre les groupes culturels d'Outremont ». Piloté par la conseillère Ana Nunes, ce comité a été créé pour une période de deux ans. Ana Nunes insistait sur la nécessité de dépassionner les débats, en adoptant une approche plus rationnelle et intellectuelle des problèmes : « je souhaitais que ce comité ait un regard humaniste, une approche philosophique pour questionner la problématique et son approche », explique-t-elle dans une interview[179]. « Pour cela, il fallait des gens de cœur, et un œil externe pour sortir de l'émotivité et avoir une approche cartésienne du sujet. Oui, mon groupe serait un groupe plus intellectuel afin que les gens discutent autour des relations entre les communautés. Il s'agit d'émettre une opinion et de proposer des pistes de solution ». Le comité a été sollicité à maintes reprises, notamment au moment de fêtes juives qui suscitaient des protestations de la part de certains habitants d'Outremont. L'équilibre entre les demandes des uns et des autres n'a pas toujours été facile à trouver, mais les bonnes volontés ne cessent de se mobiliser afin d'aplanir les difficultés.

    Outremont pourrait être vu comme un laboratoire urbain de la coexistence interculturelle / interethnique / interreligieuse, un lieu où se côtoient deux groupes essentiellement différents, mais qui peuvent, malgré une distance génératrice de peu de sociabilité, engager un nouveau mode de coexistence, en minimisant les heurts.

---

[179] *L'Express Outremont/Mont-Royal*, 22 juin 2012.

L'ENRACINEMENT EN TERRE QUÉBÉCOISE

L'EROUV

> « Observe le jour du Shabbat pour le sanctifier, comme te l'a prescrit l'Eternel ton Dieu »
> (Deutéronome 5, 12)

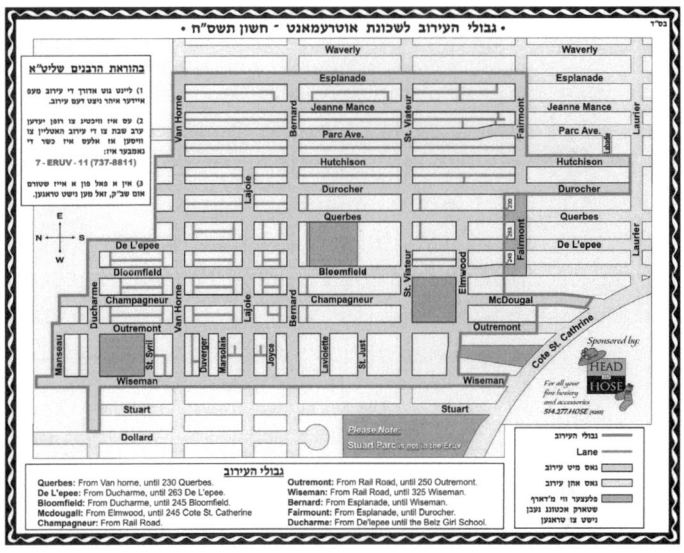

Carte de l'erouv d'Outremont, publiée sur le site du Vaad Ha'ir (Conseil de la communauté juive de Montréal), www.mk.ca

    Shul, *soucca* sur les balcons, à ces points de discorde vient s'ajouter la question de l'*erouv*, dont s'est emparé le Mouvement Laïque Québécois. Mais qu'est-ce que l'*erouv* ?

    Le Shabbat comporte un certain nombre de règles et d'obligations. Certaines activités sont permises, d'autres, proscrites. L'une de ces *melakhot*[180] est *hotza'ah*

---

[180] *Malakha* (pluriel: *melakhot*): activité.

qui interdit de porter ou transférer tout objet hors de sa maison. On ne peut rien porter à l'extérieur : ni sacs, ni clés, ni livres, ni médicaments – même pas un mouchoir. Une personne handicapée, qui nécessite d'être en chaise roulante, ne pourra pas sortir de chez elle. Même marcher avec une canne ou des béquilles sera impossible. Les parents désirant sortir avec leurs jeunes enfants en poussette ne le pourront pas : cela tombe sous le coup de l'interdiction.

Pour faciliter la vie quotidienne, les rabbins avaient décidé, dès l'époque de la Palestine romaine au IVe siècle, de créer un *erouv*. La loi talmudique est très précise quant à la définition de l'*erouv* : « pour qu'une surface devienne un espace privé, elle doit recouvrir au moins 12 pieds carrés et se démarquer de son entourage par un mur ou une quelconque limite ou de par sa topographie. Lorsque la limite n'est pas continue, une ligne doit être établie afin de maintenir un espace clos ». Il faut également respecter la présence de portes – on attachera des fils aux *lechi*[181], qui recréeront symboliquement l'encadrement de la porte.

L'*erouv,* mot hébreu qui signifie mélange, permet ainsi l'agrandissement de l'espace privé en englobant une partie de l'espace public, et rend possible les activités prohibées par la loi religieuse. Cette extension territoriale se fait parfois par l'érection de poteaux, ou simplement par l'adjonction de fils placés sur des poteaux, à cinq mètres de hauteur. Parfois aussi, des murs servent de limites, ou bien des cours. Ainsi, les domaines seront « mélangés », les frontières entre espace privé (*reshut ha-yahid*) et espace public (*reshut ha-rabim*) seront effacées dans une intégration spatiale qui permettra de porter des objets à l'extérieur de la maison. Parfois l'*erouv* peut être délimité

---

[181] *Lechi* : élément vertical de l'*erouv*.

par des frontières naturelles, comme un fleuve ou une rivière.

Erouv, New Haven, Connecticut, 2010. Photo: Margaret Olin. «The Poetics of the *Eruv*». www.academia.edu

Il y a une dimension toute symbolique à l'*erouv*, car sa réalité physique n'est pas forcément visible, et tout se joue entre visibilité et invisibilité. Comme tout symbole religieux, l'*erouv* peut recouvrir différents sens : pour ceux qui l'établissent, c'est l'espace qui enclot le Shabbat. Pour ceux qui s'y opposent, il devient « les murs du ghetto[182] ». Certains Juifs très orthodoxes désapprouvent eux aussi l'*erouv*, car il permet un certain relâchement de la loi – donc à terme, pourra peut-être encourager la violation des règles.

L'*erouv* est là avant tout pour renforcer la communauté juive dans le respect de ses commandements – par la ritualisation des gestes, les membres de la

---

[182] Sophie Watson, «Symbolic spaces of difference: contesting the eruv in Barnet, London, and Tenafly, New Jersey», *Environment and Planning D: Society and Space 2005*, vol. 23.

communauté se vivent dans leur identité collective. Le Shabbat sera respecté et pourra contribuer au maintien du judaïsme, car il reste l'un des piliers de l'observance religieuse. L'espace ainsi créé deviendra un espace sacré.

Kazimierz, la ville juive proche de Cracovie, avait un *erouv* dès le XVIe siècle. Et les Hassidim ont repris en Pologne le sens primordial de l'*erouv* : le Baal Shem Tov avait ainsi défini les trois caractéristiques du judaïsme – abattage rituel, *erouv* et *mikve* – comme étant les piliers sur lesquels reposait le monde.

En Amérique du Nord, jusqu'en 1970, seules St Louis (Illinois), Toronto, et Manhattan avaient un *erouv*. C'est grâce à l'action du Rabbin Rosenfeld, rabbin de St Louis, qu'un *erouv* fut créé. Le Rabbin avait été horrifié par les violations fréquentes du Shabbat, et avait décidé de revenir aux sources : « Que devrais-je faire pour effacer ce terrible péché pour le bien de mon peuple ?... J'ai décidé de revenir aux mots de la Loi et de chercher un moyen par lequel la tradition juive permettrait de porter des choses le jour du Shabbat[183] ». Rosenfeld décida d'utiliser à la fois les poteaux télégraphiques et les rives du fleuve. L'affaire n'était pas simple, car la ville de St Louis comptait plus de 600 000 habitants, et déterminer les limites de l'*erouv* posait problème aux plus orthodoxes qui contestaient la viabilité du processus, estimant que le Rabbin Rosenfeld facilitait trop la tâche pour les Juifs. Il fut accusé d'être laxiste et d'accroître le risque de voir plus de Juifs accommoder les traditions au point de les dénaturer.

Il y a aujourd'hui plus de 130 *eruvim* aux Etats-Unis, en particulier dans les grandes métropoles : 19 *eruvim* à New York, 1 à Washington, 7 à Boston, 7 à

---

[183] Rabbi Rosenfeld, *Tikvat Zekhariat II*, Introduction, cité par Adam Mintz, *A History of City Eruvim*, unpublished dissertation, septembre 2011, p. 216.

Miami, 7 à Chicago et 7 à Los Angeles. Le Canada en compte 7 : Halifax, Vancouver, Toronto, Québec, Ottawa, le centre-ville de Montréal et Côte St Luc.

L'ancien Président George H.W. Bush saluait en ces termes l'édification de l'*erouv* de Washington :

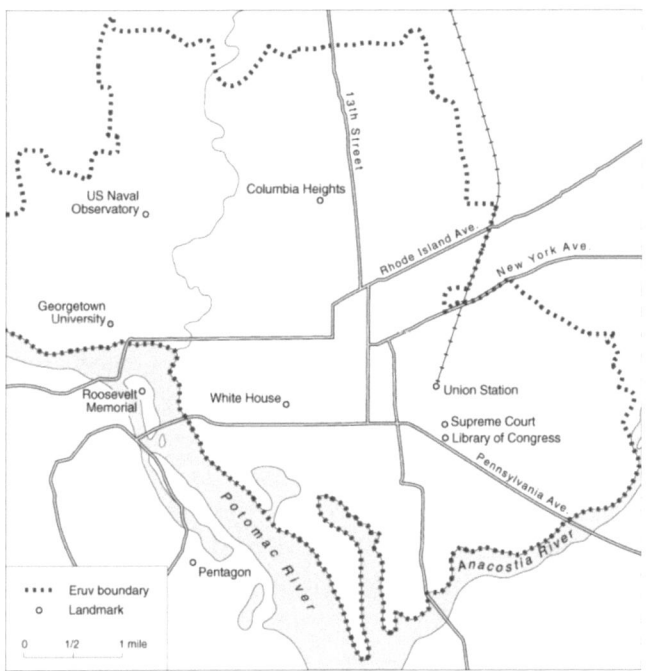

The Washington, D.C Eruv. Peter Vincent and Barney Warf, «Eruvim: Talmudic places in a postmodern World», Royal Geographical Society, 2001.

« Vous avez maintenant bâti cet *erouv* à Washington, et le territoire qu'il couvre inclut le Capitole, la Maison Blanche, la Cour Suprême et bien d'autres édifices fédéraux. En permettant aux familles juives de passer plus de temps ensemble le Shabbat, il permettra d'apprécier encore davantage le Shabbat, et de promouvoir les valeurs familiales traditionnelles, et cela amènera à une vie meilleure et plus intense pour toute la communauté juive de Washington. Je considère cette œuvre comme étant une entreprise très positive[184] ».

George H.W. Bush, fervent républicain, voyait ainsi dans le dispositif de l'*erouv* la sauvegarde des valeurs traditionnelles partagées par tous les Américains, juifs et non juifs. En ce sens, il n'y avait aucune contradiction avec le caractère séculier du gouvernement. C'est une prise de position intéressante et cruciale dans le débat que la question de l'*erouv* a parfois suscité dans certains Etats – tout comme, faut-il le rappeler, l'érection de certains monuments religieux dans des lieux publics.

Selon les géographes Peter Vincent et Barney Warf, l'*erouv* est « le rappel d'un passé ancien enraciné dans la religion[185] ». La création de cette « maison » symbolique, qui englobe d'autres espaces, cimente le sens de communauté qui fait défaut à la société séculière individualiste et participe d'une identité en construction perpétuelle. L'*erouv* est une affirmation de la tradition religieuse et renforce l'identité juive orthodoxe. Au-delà du symbole rituel, il y a une intention collective, un projet conscient. « L'*erouv* est un cercle magique de *shlepping* (i-e le fait de porter beaucoup de choses) » déclarait un rabbin orthodoxe de Palo Alto[186]. Magique car invisible pour ceux qui ignorent sa présence, et primordial pour ceux qui en usent.

---

[184] Président George H.W. Bush, inauguration de l'*erouv* de Washington, D.C., 1990. Traduction de l'auteur.
[185] Peter Vincent and Barney Warft, « Eruvim: Talmudic places in a post-modern world », Royal Geographical Society, 2001.
[186] Cité par Charlotte Elisheva Fonrobert, « The political symbolism of the eruv », *Jewish Social Sudies*, vol.11, n°3. Indiana University Press, Spring-Summer 2005.

L'*erouv* soulève cependant des problèmes sociétaux qui parfois relèvent de l'irrationnel. Symboliquement, par son essence spirituelle, l'*erouv* est un défi à la société moderniste laïque. Il met aussi en évidence la relation entre Etat et religion et révèle un aspect des problèmes liés au pluralisme culturel.

Aux Etats-Unis, de nombreux débats ont eu lieu sur la constitutionnalité de l'*erouv*. Est-ce que l'appropriation de l'espace public – même symbolique – par une communauté religieuse est une infraction à la première clause du premier amendement de la Constitution[187] ?

La Déclaration des Droits (Bill of Rights) est un document sacré pour tous les Américains. Elle est composée de dix amendements ajoutés en 1791 à la Constitution de 1787, avec le but précis de protéger les citoyens de tout abus de pouvoir de la part du gouvernement fédéral. Le premier amendement énonce ce qui suit :

« Le Congrès ne pourra faire aucune loi ayant pour objet l'établissement d'une religion ou interdisant son libre exercice, de limiter la liberté de parole ou de presse, ou le droit des citoyens de s'assembler pacifiquement et d'adresser des pétitions au gouvernement pour qu'il mette fin aux abus ».

Il affirme donc à la fois la liberté religieuse, mais également l'interdiction pour le gouvernement d'officialiser une quelconque religion – à l'inverse du Royaume Uni, qui avait depuis des siècles établi l'Eglise anglicane comme Eglise d'Etat. La clause appelée « establishment clause » assure une neutralité de l'Etat

---

[187] Le premier amendement consacre la séparation de l'Eglise et l'Etat et préserve les libertés individuelles, dont la liberté religieuse.

face à toute religion. De fait, le sens profond de cet amendement est bien un « mur de séparation entre l'Eglise et l'Etat[188] », comme devait l'écrire plus tard le président Jefferson.

Le fait d'inclure dans un périmètre privé des parcelles communes est par conséquent parfois interprété comme une violation de la règle constitutionnelle. Nous parlons ici de symbole, car bien évidemment il n'y a pas d'appropriation véritable de l'espace public. Mais l'*erouv* a une sorte d'impact symbolique que nul ne peut négliger.

L'autre volet de l'opposition à l'*erouv* réside dans la crainte des Juifs « modernes » de voir se recréer un « ghetto », un lieu de visibilité ethno-religieuse qu'ils ont toujours essayée de gommer, souvent par crainte d'antisémitisme. Les Juifs orthodoxes, davantage présents dans les rues le jour du Shabbat, se signalent aux non juifs, se distinguent d'eux, affirment leurs différences. C'est là tout le paradoxe de l'*erouv*, qui permet aux Juifs orthodoxes de sortir comme toute autre personne, sans les restrictions qui lui sont imposées en l'absence d'un *erouv*, mais qui les rend encore plus visibles dans leur altérité. Le refus de se confondre dans l'espace commun se double d'une volonté d'imprimer une identité religieuse dans l'espace public urbain – imperceptible, invisible, mais déductible de par leur présence. A cela s'ajoute la crainte supplémentaire de voir s'installer plus de familles orthodoxes, attirées par les facilités de vie propices à leur pratique religieuse. L'accroissement d'une population génère la question de la modification démographique d'un lieu donné. Incarnation de symboles, et/ou de

---

[188] « A wall of separation between Church and State », lettre de Thomas Jefferson aux Baptistes de Danbury, 1801, Library of Congress, www.loc.gov

changements réels, l'*erouv* allie tous ces facteurs qui provoquent oppositions et débats.

Le Devoir, 2 février 2007.

A Outremont, la demande faite par les Hassidim d'avoir un *erouv* a suscité une réaction hostile chez certains, comme le montre la caricature publiée dans le quotidien conservateur *Le Devoir*.

L'année 2007 avait été agitée par une polémique dans le village d'Herouxville, en Mauricie. Le conseil municipal avait rédigé un code de conduite à l'usage des immigrants, interdisant notamment la lapidation des femmes ainsi que l'excision, et précisant quels étaient les us et coutumes des Québécois. Le but affiché était de lutter contre les accommodements raisonnables, contre l'intégrisme potentiel de futurs immigrants musulmans. D'autres villages leur avaient emboîté le pas. Ce document avait provoqué une grande controverse, la municipalité s'était vue accusée de xénophobie. Mais l'action des responsables locaux avait révélé l'étendue du malaise face à la coexistence entre cultures diamétralement opposées. Cet incident avait été l'une des raisons pour lesquelles la commission Bouchard-Taylor avait été créée.

Le Devoir s'empare de la polémique et joue sur les mots, faisant d'Outremont un « Erouv-ille » dominé par ses résidents hassidiques, qui imposent leur « code de conduite ». Les « nouveaux arrivants » sont dans l'esprit du caricaturiste les Québécois non juifs (ou en tout cas non hassidiques) et ils sont invités à se plier à des règles aussi étranges que l'accoutrement du Hassid représenté. Le message de Garnotte, le caricaturiste, est clair : l'*erouv* signifie un nouveau mode de vie imposé à tous. Le caricaturiste démontre ainsi comment une minorité religieuse occupe l'espace public en le transformant. Les Hassidim sont en quelque sorte accusés de judaïser l'espace commun, brisant la séparation entre la religion et l'Etat, s'excluant un peu plus de la société civile.

On glisse insensiblement de l'inclusion – qui est le but premier dans la création de l'*erouv* – à l'exclusion supposée des non juifs, ce qui n'est absolument pas le but des Hassidim. C'est ce qu'exprimait un éditorialiste du *Devoir*[189], « évidemment, les citoyens qui ne sont pas juifs hassidim, mais chrétiens ou incroyants, sont symboliquement enfermés dans cet espace, et réagissent avec violence. Pourquoi ? Le fil de l'*erouv* ne les blesse pas, le symbole les enrage ». Le mot est très fort : « enrage ». Les habitants d'Outremont se sentent dépossédés de leur espace, même si cette « privatisation » de l'espace commun est virtuelle.

La mairie d'Outremont avait pourtant donné en 1990 son autorisation pour l'établissement d'un *erouv*,

---

[189] « Le multiculturalisme est une politique généreuse devenue discriminatoire », Jacques Godbout. *Le Devoir*, 3 avril 2007.

arguant du fait que « cet *erouv* était dans les intérêts publics de ses résidents juifs et d'aucune manière à l'encontre des droits et du bien-être des autres citoyens. » Le 25 septembre 2000, à la suite de plaintes, le maire était revenu sur la décision de son prédécesseur, estimant que la ville n'avait pas autorité pour autoriser l'occupation de l'espace public.

Les prétextes les plus absurdes ont été utilisés pour faire interdire l'*erouv* : par exemple, la conseillère Céline Forget a prétendu que l'*erouv* la gênait pour faire voler son cerf-volant ... si elle décidait d'en avoir un ! Céline Forget ne mettait pas en avant le principe de la laïcité, mais bien la question du vivre-ensemble, impossible selon elle, avec les Hassidim qui ont leur propre « code de conduite », comme le montre la caricature, incompatible avec la société québécoise.

Le 13 octobre 2000, cinq Hassidim déposèrent une requête auprès de la Cour supérieure du Québec invoquant la liberté de religion et l'obligation d'accommodement raisonnable. La Cour statua en faveur des Hassidim au nom de la liberté religieuse, le 21 juin 2001[190] :

> « Dans ce cas, il n'est pas demandé à la ville d'Outremont de dépenser des fonds publics, de promouvoir les préceptes du Judaïsme orthodoxe, ou de s'associer ou d'associer ses citoyens en aucune manière à l'érection d'eruvim. Il lui est demandé de tolérer les fils ou les lignes à peine visibles qui traversent les rues de la ville, et de ne pas les enlever quand ils sont installés. En cela, il ne lui est pas plus demandé de s'associer avec la foi juive orthodoxe qu'elle ne s'associe avec le christianisme lorsqu'elle autorise les décorations de Noël sur les lieux qui appartiennent à la ville, y compris la mairie, ou lorsqu'elle tolère que les

---

[190] Cour supérieure du Québec, n°500-05-060659-008, 21 juin 2001, Rosenberg c. Ville d'Outremont.

cloches sonnent le dimanche matin pour appeler les Chrétiens à la messe... L'avocat des plaignants souligne avec justesse que la surface contenue par l'erouv n'est une zone religieuse que pour ceux qui la considèrent comme telle. Cette croyance est limitée aux Juifs orthodoxes pratiquants et ne s'applique pas aux résidents qui n'appartiennent pas à cette dénomination religieuse... La ville a le devoir constitutionnel d'apporter des accommodements à des pratiques religieuses qui n'imposent aucune contrainte excessive à ses résidents ».

La mairie d'Outremont a renoncé à faire appel de la décision.

« La décision de la plus haute autorité judiciaire de la province met en évidence le caractère inoffensif de l'*erouv*, et établit une comparaison intéressante entre les symboles religieux : les carillons des églises s'imposent à tous, pourtant personne ne songerait à les interdire, car ils sont une part intégrale de l'environnement quasi-naturel de la Cité. Le son des cloches ne recèle plus pour ceux qui les entendent de symbole religieux. Il signale le temps de la messe pour les catholiques et pour les non chrétiens, fait partie des moments dominicaux traditionnels, sans plus. Ainsi en est-il de l'*erouv*, qui ne prend sens que pour les Hassidim – et reste invisible aux autres. Un symbole invisible doit-il être interdit ? Non, a répondu la Cour. Peut-il heurter la sensibilité des citoyens ? Oui, à en croire la récurrence des débats et l'hostilité suscitée. Mais le degré d'hostilité révèle un sentiment qui dépasse la simple défense de la laïcité et se rapproche du rejet de l'Autre. »

Il est à noter que l'*erouv* est également en fonction dans les autres quartiers de Montréal où résident des congrégations orthodoxes, à Westmount, par exemple. L'établissement de l'*erouv* à Westmount, partie anglophone de Montréal, n'a provoqué aucune opposition. La situation à Outremont est clairement plus tendue du fait d'une part, de la grande visibilité des Juifs hassidiques, et d'autre part, de l'attitude beaucoup plus antagoniste des Franco-Canadiens.

Le Parti Québécois, parti souverainiste, est caractérisé par ses prises de position très laïques – voire même excessivement laïques. Ainsi l'une de ses candidates à une élection partielle dans l'arrondissement de Viau en décembre 2013, Tania Longpré, avait suggéré d'ajouter à la Charte des Valeurs présentée par le Parti Québécois au pouvoir, la suppression de l'adjectif « Jewish » dans le nom « Jewish General Hospital » - un comble dans une province où tant de villages portent le nom de saints catholiques ! Elle avait publié ses remarques sur facebook[191] : « répondez-moi publiquement : devons-nous inclure dans la Charte la suppression du mot « Jewish » du nom de l'hôpital ? Interdire la circoncision ? Les papillotes dans le service public ? Je réponds oui ! »

Cette demande avait provoqué la colère du B'nai Brith Canada et du Centre for Israel and Jewish Affairs (CIJA) et lui avait valu la réponse[192] cinglante de l'un des médecins de cet hôpital, Evan Kovac, qui lui rappelait les circonstances historiques de la fondation de l'hôpital en 1934, alors que les médecins juifs ne pouvaient exercer dans les hôpitaux du Québec du fait de leur religion. En mentionnant l'antisémitisme qui avait assombri cette période, le docteur Kovac soulignait la similitude des attitudes et sommait Tania Longpré de renoncer à son

---

[191] *The Canadian Jewish News*, 12 novembre 2013.
[192] « An open letter to Tania Longpré from a Jewish Montreal surgeon», *Jewish Tribune*, 19 novembre 2013.

projet « raciste », car l'hôpital ne fait aucune distinction entre ses patients, et accueille les personnes de toutes confessions, tant parmi les malades que le personnel soignant. Quant à la circoncision, il démontrait, outre le sens religieux de cet acte, les bienfaits de l'opération sur le plan de la santé.

Tania Longpré s'était ensuite rétractée, rappelée à l'ordre par le ministre Bernard Drainville, et qualifiant la controverse « d'infantile ». Tania Longpré a perdu l'élection, au profit d'un candidat libéral, David Heurtel. Mais cet incident récent montre à quel point les sensibilités sont exacerbées et combien le fait religieux peut poser question – à travers ne serait-ce que des signes minimes, voire vides de tout sens religieux, comme ce fut le cas avec la dénomination de l'hôpital.

Un espace partagé, défis de la coexistence : le groupe Facebook de l'Association des Amis de la rue Hutchison, mentionnée précédemment, rassemble 1141 inscrits qui se définissent comme des « chercheurs de paix, d'harmonie, de dialogue et d'ouverture ». Je citerai un message posté sur leur page, qui est révélateur du changement en train de s'opérer :

> « Oui, il existe certaines problématiques, comme le bruit, les enfants, les autobus scolaires, entre autres. Nous vivons dans un environnement urbain densément peuplé et la communauté hassidique est jeune, vibrante et animée. Mais c'est uniquement en apprenant à communiquer directement les uns avec les autres, de façon respectueuse, que les problèmes peuvent être résolus. Il est également intéressant de mentionner, comme certains l'ont fait remarquer, que la présence des juifs hassidiques favorise un environnement fortement orienté sur la famille, ce qui à son tour garantit un quartier sécuritaire et quasiment exempt de

crimes en créant un voisinage où les citoyens veillent les uns sur les autres en cas de besoin ».

Et un abonné du site, prénommé Christian, de déclarer : « Un an après mon installation ici, je me sens de plus en plus en harmonie avec mes voisins hassidiques, dont je respecte les coutumes différentes des miennes, et qui ont toujours démontré un grand humanisme à mon égard – et ce malgré mon drôle de prénom ! ».

CONCLUSION

Le voyage au pays hassidique s'achève – avec de nombreuses questions, mais aussi une somme d'impressions positives qui permettent de jeter un autre regard sur une population minoritaire, au sein d'une autre minorité dans la société canadienne.

Les Hassidim sont confrontés à des défis variés, face à la société moderne sécularisée, qui leur oppose parfois ses valeurs avec violence. Ils sont confrontés également à l'opposition des Juifs montréalais qui craignent d'être assimilés à cette représentation d'un judaïsme ancien, décalé, qui résiste avec ses convictions et perpétue un modèle volontairement traditionnel, excessif au regard du XXIe siècle.

Alors que les Juifs montréalais au fil des ans ont modifié leurs pratiques et ouvert leurs cercles en fonction de l'évolution sociétale, par exemple le rôle accru des femmes dans les instances religieuses (il y a aujourd'hui plusieurs femmes rabbins), l'ouverture des synagogues aux Juifs « partiellement » juifs – à savoir issus d'unions mixtes, l'acceptation de l'homosexualité, tous changements impensables pour des Juifs attachés aux traditions ancestrales, les Hassidim affirment leur présence sans faillir. Ils connaissent un succès indéniable, ce qui n'est pas un moindre paradoxe à une époque où tout tend vers plus d'accommodement à la modernité.

Quel avenir attend le mouvement hassidique à Montréal ? Sans prendre particulièrement de risque, je peux affirmer qu'il continuera à prospérer, notamment la branche Loubavitch qui démontre une vitalité à l'échelle mondiale, mais même les autres groupes qui ne démontrent aucun prosélytisme, dureront. Le contexte montréalais est en définitive assez favorable, même s'il n'est pas perçu de cette manière par les Hassidim : ils comparent leur situation à celle des Hassidim qui vivent à New York, et ces derniers, très nombreux, peuvent évoluer avec tranquillité dans une société ouverte, approbatrice de la diversité religieuse – des centaines de dénominations religieuses coexistent, sans que cela pose question. Montréal oppose une autre dimension qui peut heurter les Hassidim et les faire se sentir indésirables. Ils le ressentent avec parfois un certain désarroi – certains m'ont dit qu'ils partiraient si l'hostilité à leur encontre continuait, avec une certaine résignation, mais sans amertume, comme si le rejet était une donnée de l'histoire juive. Leur foi leur permet d'accepter les revers – et d'envisager l'avenir dans sa dimension millénaire, dans l'attente du Messie. Si le monde connaît d'autres périodes noires, ce sera pour les rapprocher de la période ultime, du salut messianique.

Au cours de mes explorations, je me suis demandé pourquoi les Hassidim pouvaient susciter parfois tant d'hostilité. En quoi la présence de personnes qui ont adopté un certain mode de vie peut-elle incommoder les autres, alors qu'ils ne cherchent pas à l'imposer à autrui ? La seule réponse que je puisse apporter est liée à cette incapacité qu'ont les individus de côtoyer le totalement différent – comme si la différence les mettait en danger personnellement.

Exclusion, inclusion, intégration, vie en marge, les Hassidim incarnent tout cela à la fois.

CONCLUSION

« Seule une mémoire vivante tient l'homme en état de parole », enseigne le Talmud. Les Hassidim d'Outremont et d'ailleurs ne sont-ils pas cette mémoire vivante qui maintient une certaine judéité active, maillon d'une chaîne cinq fois millénaire, aux segments multiples et variés ?

Dans un monde en proie à des mutations rapides et innombrables, les Hassidim apparaissent à la fois comme un anachronisme et un exemple de résilience identitaire. Certains n'y verront que du communautarisme, d'autres le symbole d'un combat perdu contre la modernité. Peut-être faudrait-il conserver un regard neutre et simplement considérer les communautés hassidiques comme des groupes religieux autonomes, soucieux de préserver leur foi et leurs traditions, incarnées dans le moindre geste du quotidien.

Pour partie dans le monde non juif, ils ne veulent pas fuir toute modernité, mais tentent de composer avec elle, avec la préoccupation première de bannir toute influence qui leur serait néfaste. Le Canada leur a permis de maintenir leur spécificité, grâce à la vision multiculturaliste qui marque la société depuis des décennies. De ce fait, les relations entre les groupes restent possibles, car les pressions pour se conformer à la majorité sont, en théorie, tout au moins, inexistantes. Aussi longtemps que les Hassidim accepteront la loi du pays – et c'est l'une de leurs caractéristiques, car, comme le dit le Talmud, « dina de malkhouta dina » - la loi du royaume est la seule loi – leur présence au sein d'une société hyper-modernist ne causera pas de problèmes.

Nous avons vu que la société québécoise pouvait être moins accommodante, cependant les affrontements qui ont pu se produire entre les Hassidim et les autres résidents d'Outremont apparaissent comme des épiphénomènes fortement liés aux actions de quelques individus particulièrement hostiles. L'appréciation des Hassidim face à ces incidents reste modérée, et optimiste. La victoire électorale de Mindy Pollak est apparue comme un signe positif, symbole d'une coexistence globalement réussie.

    C'est sur cette note que j'achèverai mon ouvrage, convaincue que la société canadienne continuera d'offrir à ces Juifs ultra-orthodoxes la possibilité de maintenir la chaîne traditionnelle qui débuta il y a des siècles. Victoire sur l'histoire, symbole d'un avenir religieux accompli, les Hassidim de Montréal perpétuent un judaïsme ancestral que l'on croyait disparu. Ils sont acteurs de cette force exceptionnelle qui représente aujourd'hui l'une des composantes primordiales du judaïsme mondial.

GLOSSAIRE

Agouna : littéralement « femme enchaînée ». Lorsque le mari refuse le divorce religieux (*get*), l'épouse ne peut se remarier, même si le divorce civil a été accordé.

Baal teshouva : personne qui revient à la tradition.

Bar mitsva : majorité religieuse d'un garçon, à l'âge de 13 ans.

Casher : rituellement autorisé. Le mot s'applique essentiellement aux prescriptions alimentaires.

Cashrout : ensemble des prescriptions religieuses régissant l'alimentation.

Devekout : littéralement « union avec Dieu ».

Dreidel : toupie. L'un des jeux auxquels jouent les enfants à Hanoucca.

Get : acte de divorce codifié par le droit rabbinique.

Halakha : jurisprudence rabbinique. Ensemble des obligations religieuses auxquelles doivent se soumettre les Juifs.

Hanoucca : fête des Lumières.

Haredim : littéralement les « Craignant-Dieu ». Désigne les Juifs ultra-orthodoxes.

Haskala : désigne le mouvement des Lumières qui émergea parmi les Juifs d'Allemagne au XVIIIe siècle.

Heder : école primaire.

Herem : excommunication.

Kahal : assemblée. Le terme s'appliquait à l'administration autonome des communautés d'Europe orientale.

Kippa : calotte, dont le port est obligatoire pendant l'étude et la prière.

Kollel : centre d'études de la Torah.

Kvitlech : note, billet, sur lesquels est inscrite une prière.

Maskil (pluriel maskilim) : littéralement «personne instruite». Ce terme désigne les partisans de la *Haskala.*

Mechitza : séparation entre les hommes et les femmes (cloison, treillage, étoffe...).

Menorah : chandelier, candélabre à sept branches.

Mikve : bain rituel.

Minyan : un groupe d'au moins dix hommes qui conditionne la tenue de prières en public.

Mishna : code de la loi orale.

Mitnagdim : littéralement « opposants ». Désigne les adeptes de la mouvance orthodoxe oppose au hassidisme.

Mitsva : commandement.

Ohal : mausolée

Peyes : terme yiddish décrivant les « papillotes », mèches de cheveux encadrant le visage des hommes qui respectent l'injonction biblique de ne pas se couper les mèches sur les tempes.

GLOSSAIRE

Sefirot : les dix niveaux de la manifestation du divin.

Shadchan : personne qui organise les mariages.

Shehita : abattage rituel.

Shekhina : présence divine.

Shohet : homme habilité à effectuer l'abattage des animaux.

Shtetl : terme yiddish désignant un village.

Shtiebl : terme yiddish signifiant « petite pièce ». Désigne le local utilisé comme synagogue.

Shtreimel : chapeau bordé de fourrure, porté par les Hassidim le Shabbat et les jours de fêtes.

Shul : terme yiddish pour synagogue.

Simha't Torah : « joie de la Torah ». Fête qui célèbre la fin du cycle annuel de lecture de la Torah.

Tallit : châle de prières.

Tallit katan : « petit tallit », vêtement à quatre coins bordés de franges, avec une ouverture pour la tête, porté sous les vêtements.

Torah : les cinq premiers livres de la Bible.

Tsaddik : un juste.

Tsedaka : justice, charité.

Tsitsit : les franges attachées aux quatre coins du *tallit*.

Tsnius/tsniout : discrétion, par extension, modestie.

Yarhzeit : anniversaire du décès d'un proche.

Yeshiva : école de formation talmudique.

Zohar : le Livre de la Splendeur, œuvre majeure de la Kabbale.

BIBLIOGRAPHIE

ABRAMOVITCH Ilana and GALVIN Sean, eds, *Jews of Brooklyn*, Hanover, NH, Brandeis University Press and the University Press of New England, 2002.

BARTAL Israël, « La formation du judaïsme de l'Europe orientale », in Elie Barnavi (dir.), *Histoire universelle des Juifs. De la Genèse à la fin du XXe siècle*, Paris, Hachette, 1992.

BARTH Frederik, *Ethnic Groups and Boundaries: The Social Organization of Cultural Difference*, Illinois, Waveland Press, 1969.

BELCOVE-SHALIN Janet S., *Ethnographic Studies of Hasidic Jews in America*, Albany, State University of New York Press, 1995.

BONNEMAISON Joël, *La géographie culturelle*, Paris, Éditions du CTHS, 2000.

BOYARIN Daniel and Jonathan, « Diaspora: Generation and the Ground of Jewish Identity », *Critical Inquiry*, vol. 19, n°4, summer 1993.

BUBER Martin, *Tales of the Hasidim*, New York, Shocken Books, 1964.

BUBER Martin, *Hasidism and Modern Man*, Princeton, New Jersey, Princeton University Press, 2005.

CHATEAUVERT Julie et DUPUIS-PERI Francis, *Identités mosaïques*, Montréal, Éditions du Boréal, 2004.

CORCOS Arlette, *Montréal, les Juifs et l'école*, Montréal, les Éditions du Septentrion, 1997.

DAWIDOWICZ Lucy S., *The Golden Tradition, Jewish Life and Thought in Eastern Europe*, Syracuse, New York, Syracuse University Press, 1996.

DYNNER Glenn, *Men of Silk, the Hasidic Conquest of Polish Jewish Society*, Oxford, Oxford University Press, 2006.

EISENBACH Arthur, *The Emancipation of the Jews in Poland, 1780-1870*, Oxford, Blackwell Publishers, 1991.

FELSEN Vivian, *Between the Wars, Canadian Jews in Transition*, Montréal, Véhicule Press, 2003.

FERDMAN TAUBEN Sara, *Traces of the Past. Montreal's Early Synagogues*, Montréal, Véhicule Press, 2011.

FONROBERT Charlotte Elisheva, « The political symbolism of the eruv », *Jewish Social Studies*, vol.11 n°3, printemps-été 2005.

GAGNON Julie Elizabeth, « Cohabitation interculturelle, pratique religieuse et espace urbain : quelques réflexions à partir du ca des communautés hassidiques juives d'Outremont/Mile End », *Les Cahiers du Gres*, vol.3 n°1, printemps 2002.

GERMAIN Annick, « Les quartiers multiethniques montréalais : une lecture urbaine », *Recherches sociographiques*, vol.40 n°1, 1999.

GOLDSCHMIDT Henry, « Crown Heights est le centre du monde », *Diaspora*, 9,1, 2000.

GUTWIRTH Jacques, « Hassidim et judaïcité à Montréal », *Recherches sociographiques*, vol.14, n°3, 1973.

HEALEY Patsy, *Collaborative planning. Shaping places in fragmented societies*, London, MacMillan, 1997.

HEILMAN Samuel C., *Defenders of the Faith*, Oakland, University of California Press, 1992.

HERSKOVITS Melville J., *Man and his Works, the Science of Cultural Anthropology*, New York, Knopf, 1948.

HESCHEL Abraham, *Dieu en quête de l'homme*, Paris, Le Seuil, 1955.

HUNDERT Gershon David, *Jews in Poland-Lithuania in the 18th Century, A Genealogy of Modernity*, Oakland, University of California Press, 2006.

HUNDERT Gershon David, ed., *Essential Papers on Hasidism, Origins to Present*, New York, New York University Press, 1991.

IDEL Moshe, *Hasidism: between Ecstasy and Magic*, Albany, State University of New York Press, 1995.

KAMMEN Robert, *Growing Up Hasidic*, New York, AMS Press, 1985.

KOTTAK Conrad Phillip, *Mirror for Humanity: A Concise Introduction to Cultural Anthropology*, New York, McGraw-Hill, 2013.

LESCHES Schneur Zalman, *Understanding Mikvah: An Overview of Mikvah Construction*, Kollel Menachem, Montreal, 2001.

LONDRES Albert, *Le Juif errant est arrivé*, Paris, Les Éditions 10/18, 1975.

MAHLER Raphael, *A History of Modern Jewry, 1780-1815*, New York, Schocken Books, 1971.

MANDEL Arnold, *La vie quotidienne des Juifs hassidiques du XVIIIe siècle à nos jours*, Paris, Librairie Hachette, 1974.

MEAD Margaret, « Socialisation and Enculturation », *Current Anthropology*, vol.4, 1963.

MEDRESH Israël, *Le Montréal juif d'autrefois* (1947). Traduit par Pierre Anctil, Québec, Les Éditions du Septentrion, 1997.

MEISELS David, *The Rebbe. The Extraordinary Life and Worldview of Rabbeinu Yoel Teitelbaum, The Satmar Rebbe*, Lakewood, New Jersey, Israel Bookshop Publications, 2010.

MINTZ Jerome, *Legends of the Hasidim*, Chicago, The University of Chicago Press, 1968.

MINTZ Jerome, *Hasidic People: A Place in the New World*, Cambridge, Massachusetts, Harvard University Press, 1992.

MOORE Robert Laurence, *Religious Outsiders and the Making of Americans*, Oxford, Oxford University Press, 1986.

Rabbi NACHMAN, *Restore my Soul, Meshivat Nefesh*. Traduit par Avraham Greenbaum, Breslov Research Institute, 1980.

PETTMAN Dominic, «Working around God: Technology, the Pace of Lofe, and the Shabbos Elevator Theology and technology in New York City's elevators», *The Atlantic*, 14 juin 2014.

POLL Solomon, *The Hasidic Community of Williamsburg*, New York, Schocken Editions, 1971.

RAPOPORT-ALBERT Ada, ed., *Hasidism Reappraised*, The Littman Library of Jewish Civilization, 1996.

RELPH Edward, *Place and Placelessness*, London, Sage Publications, 1976.

RICHLER Mordecai, *Mon père, ce héros*, traduit de l'anglais par Jean Simard, Ottawa, Le Cercle du Livre de France Ltée, Collection des Deux Solitudes, 1975.

ROBINSON Ira and BUTOVSKY Mervin, *Renewing Our Days, Montreal Jews in the 20th Century*, Montréal, Véhicule Press, 1995.

RUBIN Alexis P., ed., *Scattered Among the Nations-Documents Affecting Jewish History*, Toronto, Ontario, Wall and Emerson, Inc., 1993.

RUBIN Israel, *Satmar: An Island in the City*, Chicago, Quadrangle Books, 1972.

SCHNOOR Randal F., «Tradition and innovation in an Ultra-Orthodox Community: the Hasidim of Outremont», *Canadian Jewish Studies*, vol.10, 2002, York University. http://cjs.journals.yorku.ca

SEGAL Jacob Isaac, « Alt Montreal », dans *Di Drite Soude, Le troisième festin*, Montréal, 1937. Traduit par Pierre Anctil.

SHAFFIR William, « Separation from the mainstream in Canada: the Hasidic Community of Tash », *The Jewish Journal of Sociology*, vol.29, 1987.

SIMON Sherry, *Hybridité culturelle*, Montréal, Editions Ile de la Tortue, 1999.

STOKER Valerie, « Drawing the line: Hasidic Jews, Eruvim and the public space of Outremont », *History of Religions*, vol.43, n°1, août 2003.

TULCHINSKY Gerald, *Canada's Jews, A People's Journey*, Toronto, Ontario, University of Toronto Press, 2008.

VAUGEOIS Denis, *Les Premiers Juifs d'Amérique, 1760-1860*, Québec, Les Éditions du Septentrion, 2011.

WATSON Sophie, « Symbolic spaces of difference: contesting the eruv in Barnet, London, and Tenafly, New Jersey », *Environment and Planning D: Society and Space 2005*, vol. 23.

WERTHEIM Aaron, *Law and Custom in Hasidism*, Hoboken, New Jersey, Kvav Publishing House, 1992.

WIRTH Louis, *Le Ghetto*, 1ère édition, 1928. Presses Universitaires de Grenoble, 1980.

WISE Amanda, « Sensuous multiculturalism », *Journal of Ethnic and Migration Studies*, vol.36, n°6, 2010.

WOLF Marc-Alain, *Le Québec sur le divan*, Québec, Les éditions Voix Parallèles, 2008.

ZIPORA Malka, *Lekhaim. Chroniques de la vie hassidique à Montréal*, Montréal, Éditions du Passage, 2006.

Monde juif
aux éditions L'Harmattan

Dernières parutions

HISTOIRE DE L'OSE (2ᵉ édition revue et augmentée)
De la Russie tsariste à l'Occupation en France (1912-1944)
L'Œuvre de Secours aux Enfants du légalisme à la résistance
Zeitoun Sabine - Préface de Serge Klarsfeld
À l'occasion du 100e anniversaire de sa création, ce livre revient sur l'histoire de l'OSE (Œuvre de Secours aux Enfants), organisation médicosociale née en octobre 1912 en Russie tsariste. Les voies de ceux qui ont «fait» l'OSE, porté ses idéaux et pris part à ses diverses actions à travers l'histoire tumultueuse et dramatique de la première moitié du XXe siècle sont mises en évidence, ainsi que son action sous l'Occupation et son rôle majeur dans le sauvetage d'enfants juifs.
(Coll. Chemins de la Mémoire, 39.00 euros, 480 p.)
ISBN : 978-2-296-99140-8, ISBN EBOOK : 978-2-296-50709-8

SHOAH ET BANDE DESSINÉE
Haudot Jonathan
S'appuyant sur plus de 170 albums de BD parus en France entre 1944 et 2009, cette étude inédite mobilise les sciences de l'information et de la communication, la sémiotique, la sociologie et l'histoire pour radiographier de manière critique les représentations du génocide juif élaborées par la bande dessinée, tout en présentant et discutant les grands régimes représentationnels propres à cette mémoire.
(31.00 euros, 304 p., Illustré en noir et blanc)
ISBN : 978-2-336-00154-8, ISBN EBOOK : 978-2-296-50604-6

L'HARMATTAN ITALIA
Via Degli Artisti 15; 10124 Torino
harmattan.italia@gmail.com

L'HARMATTAN HONGRIE
Könyvesbolt ; Kossuth L. u. 14-16
1053 Budapest

L'HARMATTAN KINSHASA
185, avenue Nyangwe
Commune de Lingwala
Kinshasa, R.D. Congo
(00243) 998697603 ou (00243) 999229662

L'HARMATTAN CONGO
67, av. E. P. Lumumba
Bât. – Congo Pharmacie (Bib. Nat.)
BP2874 Brazzaville
harmattan.congo@yahoo.fr

L'HARMATTAN GUINÉE
Almamya Rue KA 028, en face
du restaurant Le Cèdre
OKB agency BP 3470 Conakry
(00224) 657 20 85 08 / 664 28 91 96
harmattanguinee@yahoo.fr

L'HARMATTAN MALI
Rue 73, Porte 536, Niamakoro,
Cité Unicef, Bamako
Tél. 00 (223) 20205724 / +(223) 76378082
poudiougopaul@yahoo.fr
pp.harmattan@gmail.com

L'HARMATTAN CAMEROUN
BP 11486
Face à la SNI, immeuble Don Bosco
Yaoundé
(00237) 99 76 61 66
harmattancam@yahoo.fr

L'HARMATTAN CÔTE D'IVOIRE
Résidence Karl / cité des arts
Abidjan-Cocody 03 BP 1588 Abidjan 03
(00225) 05 77 87 31
etien_nda@yahoo.fr

L'HARMATTAN BURKINA
Penou Achille Some
Ouagadougou
(+226) 70 26 88 27

L'HARMATTAN SÉNÉGAL
10 VDN en face Mermoz, après le pont de Fann
BP 45034 Dakar Fann
33 825 98 58 / 33 860 9858
senharmattan@gmail.com / senlibraire@gmail.com
www.harmattansenegal.com

L'HARMATTAN BÉNIN
ISOR-BENIN
01 BP 359 COTONOU-RP
Quartier Gbèdjromèdé,
Rue Agbélenco, Lot 1247 I
Tél : 00 229 21 32 53 79
christian_dablaka123@yahoo.fr

Achevé d'imprimer par Corlet Numérique - 14110 Condé-sur-Noireau
N° d'Imprimeur : 135646 - Dépôt légal : janvier 2017 - *Imprimé en France*